大是文化

K線聖經

0年股市實戰、完整分析51種圖表、抓出 5個轉機徵兆，你比市場更早看出買賣行情

界一やさしい株価チャートの本
のサインで売買チャンスを先読み！

岩本秀雄 ——著

易起宇 ——譯

40年以上資歷、暢銷書累銷超過27萬本
網路直播股市分析事業公司 STOCK VOICE 副社長

CONTENTS

第一章

為什麼一定要懂K線？
它讓「這些事情」變簡單 013

CONTENTS

第四章

判讀K線時的必要動作

CONTENTS

第五章

51張圖，功力大補帖 125

＊本書使用的股價線圖來源為：会社四季報オンライン
（https://shikiho.jp/tk/）

推薦序一
股市老手 40 年功力，
一次全學會

隱形王牌股操盤手／**林明謙**

「K線圖」是每個新手投資人踏入股市必先自學的基本功，我認為，「天下武功出少林、技術分析出K線」，道理雖然簡單卻也深奧，唯有對這基礎中的基礎花功夫蹲馬步、扎實練功，再進一步了解其他的技術分析如均線、KD等技術指標，才更有意義！

這本由岩本秀雄所著的《K線聖經》，書中內容詳盡，在現今市面上的K線入門教科書中算是少見。因為作者先將讀者看作是從未涉略股市的新手，內文用詞深入淺出、極其易懂，一步一步教投資人學習，這令人望而生畏的技術分析要訣；連我都想買來送給初學的親朋好友，先學會看這個，再來談作股票。

建議讀者用心鑽研本書中列出之K線基本型態，唯有熟悉之後，才有可能了解這股市運作的現象。我深研股市投資心理多年，常看著千變萬化的K線圖，思考市場主力的想法，雖然K線型態也有可能是人為的刻意假造，讓投資人受騙，尤其是小型股、投機股、主力股，特別容易出現例外的情況。但無論如何，讀者一定要先花時間練基本功，才能夠看穿每個真正的買賣點出現的時機！

作者為初學者所搜集的這15種K線基本形態，每一個也都有常

K線聖經

用的綽號，像「紅三兵、晨星、三隻烏鴉」等，名稱如其意涵，能讓投資人容易記住；其中的「覆蓋線、逆襲線、鑷頂」更是我自己抓股價波段高點的常用指標，投資人可以細細體會。作者同時也用星號標示每種型態的出現頻率，提供讀者做重要參考。

準備在股海出航的投資人，先了解這些K線的基本型態後，再看書中第四章所談的關於均線的理論，尤其是「葛蘭碧八大法則、黃金交叉、死亡交叉」等，都是重要的技術分析，其中雖然沒有太多深奧的道理，但入門的東西往往也是最重要的，連很多市場老手都還在看這些最簡單的指標，這已經很夠用了。

尤其是K線與均線一組合起來，招式就變化萬千、威力十足，足以應付十之八九的情況。在熟悉了這些基礎之後，才能更進一步擁有解讀市場脈動與股價心理的能力，未來就有機會在個股準備發動前，搶先市場看出關鍵的買賣點訊號！

而且，更有趣的是，作者還列出了相當多的實戰練習題，讓投資人事先做好沙盤推演與練習。這些練習題有些都是實戰的例子，還是近幾年日本發生的事，讀起來也備感熟悉，書後也都列出可以參考的解答，這是相當好的教材範例，可以讓投資人做好充分的準備再上場，才不會浪費太多的銀彈繳學費。

最後，送給讀者一句出自洛克斐勒、也是我相當喜愛的名言：「命運給予我們的不是失望之酒，而是機會之杯。」在機會來臨之前，讓我們先做好準備！

推薦序二
買賣雙方戰況如何發展？
Ｋ線不出聲告訴你

財經部落客／阿斯匹靈

Ｋ線（Candlestick Charts）又稱為蠟燭線，據傳最早是由日本人所發明，因此由有40年股市經驗的日本股市投資暢銷書作家岩本秀雄來闡述，是再恰好不過了。這本《Ｋ線聖經》可說是了解技術分析的最佳入門寶典。

我常說，交易最重要的，就是化繁為簡。在所有技術分析中，Ｋ線理論就是最重要的基礎，若無法從Ｋ線圖中了解股市多、空的變化跟轉折，就算再學習一堆複雜的指標，也是事倍功半。所以好好的研究Ｋ線的各種意義，對於投資人來說，是非常重要的。

本書雖是為了初入股市的初學者所寫的，不過除非你認為自己已經可以從Ｋ線當中看出多、空的端倪，否則都應該透過本書從頭學起。這本書的前兩章，就是告訴讀者Ｋ線的基本觀念，這是一般演講中聽不到的內容。因為大多人都喜歡講一些高深的交易理論，往往不會在講座中聽到最重要的基礎。因此對初學者來說，這些章節非常重要，需要好好的研讀，來替自己的技術分析扎根。

當了解Ｋ線的基礎後，就有如學功夫前的蹲馬步，一旦馬步扎得穩，那麼之後所練的各種武功招式，都可以充分發揮威力。第三章「價值連城的Ｋ線口訣應用」就是講解各種Ｋ線的實務運用，每

K線聖經

一招都有其實質的意義，希望讀者不要囫圇吞棗、一下就讀過，把每一招都拿來用在台股上，好好對照一番，看看在台股的實務應用上會有如何變化。

由於現在的看盤軟體都有10年以上的K線圖，因此光用其中一招，拿來回顧過去10年的台股，就要花上不少時間，更何況第三章共有15招之多，所以如果希望自己在技術分析上的功力大增，那麼花個幾個月的時間來好好消化，一定有其價值。

在第四章，作者補充幾個技術分析的重要觀念，對了解K線理論有很大的助益。不過要提醒投資人，第三章如果還沒有消化完，就不宜進入第四章的內容，以免會有交互干擾的情況出現。但如果你都已熟練第三章的各種技巧並知道如何運用在台股，那麼第四章對你來說就是如虎添翼，技術分析的功力也會因此而大增許多。

第五章就是作者提供大家練習的測驗題，共有51道題，這是驗證自己的功力是否已經大增的部分，一樣建議各位讀者，要確信自己已經學完一到四章的內容，再來讀第五章。因為第五章就有如模擬考一樣，如果還沒看完書就去偷瞄模擬考的題目，只會喪失模擬考的功能——「檢驗自己的學習成果」，這樣到實際大考時（進場實際交易），就必須拿真金白銀來學習，成本就會昂貴許多了。

在交易中，越簡單的東西越是蘊含著複雜的道理。股價的上漲和下跌，說穿了就是因為很多人買、很多人賣。但如何知道買的人多還是賣的人多，或是了解買賣雙方目前的戰況如何，K線圖上都會如實呈現，就看你是否能用心觀察它的變化了。

前言
找出 K 線圖發出的訊號，判斷進場時機

對有興趣投資，或才剛開始買股票沒多久的投資人來說，股票市場最先讓大家感到困惑的，大概就是圖表了。圖表分析就是透過圖形、表格，去追溯股價變動的軌跡，再利用這些軌跡預測今後的股價。

股票投資的精髓就在於「低點買進，高點賣出」（沒什麼好解釋，這是理所當然）。但是，一旦實際開始投資，就會知道判斷「買進」和「賣出」的時機，是最困難的事。

無論我們買的是多麼有遠景的公司的股票，只要在「高點」買進，而不是「低點」，它的賺錢績效就會變得非常差，有時候還會賠錢。或是有時候雖然股票如我們想的上漲了，但卻因為沒有在最高價賣出，導致股價最後又恢復到原狀。這種失敗毫無疑問就是源於算錯時機。在股票投資中，時機非常重要。

一般用來估算投資時機的基準的，就是圖表。它除了能清楚表現股價的位置、動向外，也會告訴我們股價上漲或下跌的走勢強弱、從高點到低點（或反過來從低點到高點）之間的價格變化等。對圖表的了解與否，可說會對投資的成果造成巨大的差異。

經過古今中外那麼多投資人，為了尋找「最佳買進時機」和「最佳賣出時機」，而與股票市場苦戰纏鬥的結果，最後誕生出來、

K線聖經

作為判別時機的線索的，就是股價圖表分析。它的種類其實也是千奇百怪。雖然人們開發出非常多各式各樣的分析方法，但是本書主要還是以初學者平常能接觸到的方法為對象。因為我一直相信，唯有平凡、簡單的東西能告訴我們真理。

尤其在這當中，有一種非常優良、是日本自古以來的方法，就是稱為「蠟燭足」的線圖（一般股票界稱為K線圖），能夠讓投資人透過視覺判斷股價的微妙變化。它透過顏色黑白、實體長短、有無影線，展現出非常多變、美麗的表情。並且透過這些表情，讓K線圖的每一根線段，都各自傳達出極為豐富的資訊。只要判讀這些資訊，就可以了解股價行情的現狀，並幫助事先預測股價。

特別是有一些K線，很容易出現在股價的天花板或地板附近。本書將會分章節為各位說明。只要能夠學會並熟練找出這些重要K線訊號的方法，判斷「買進賣出時機」的能力就會更上一層樓。

不過，在投資的世界裡，不可能有人能夠百分之百的精準預測。K線告訴我們的資訊並不會永遠都正確，因此，光用K線圖作為判斷股價走勢的方法，是不可能會足夠的。

可是，至少有件事不會錯，只要確實學會判別圖表的基本思維，就不會在投資時犯下大錯，有時也能遇到賺錢的大好機會。

在本書中，我花了許多工夫，加入以實例為基礎的豐富練習題，希望能夠幫助初學者更容易了解。要發現K線圖發出的訊號，就必須實際去接觸它、習慣它。這也將會帶領投資人在投資上獲得成功。希望大家開始的第一步，就是能好好利用這一本書。

第 一 章

為什麼一定要懂K線？
它讓「這些事情」變簡單

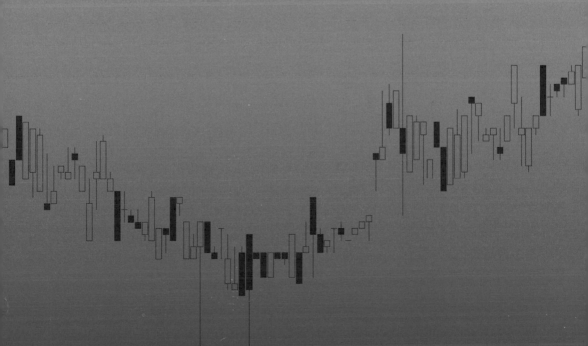

01

什麼時候買，
比買什麼股票更重要

對於初學者來說，最先浮現的煩惱應該是「要買哪一支」？檢查一家公司的業績、調查它今後的事業計劃，判斷這家公司的未來夠不夠有願景，這稱作基本面分析。

本來就不可能完全無視該家公司的內涵，所謂的股票買賣，就是透過投資一家公司、獲取利潤來賺錢。調查對方到底是不是一家值得投入資金的「有內涵」的公司，可說是獲利的起點。

不過，無論是多麼具有未來願景、多麼具有「內涵」的公司，如果所有人都知道它具有優越的未來性，股價就會因為大家都想要而不斷飆漲，那麼該公司的股票就會一下子被投資人搶購。要是你剛好買在漲完之後的價格，就會是最不幸的一件事。

股價時時刻刻都在變動。若用稍微長遠的眼光來看，股價上漲後，一定就會有一段下跌的時期。股價就是在反覆上漲、下跌中，形成所謂的上漲行情和下跌行情。雖然說這只是暫時性的，但有時甚至會跌到比當初買進時還低的價格。

當然，或許這時只需要暫時等一下就可以了。因為畢竟股價在下跌之後，一定就會接著上漲。只要後面這一波的上漲能夠再度超

越我們先前的買價，就可以拍拍胸口放心了。

　　但是，要是能一開始就買在股價的低點，投資人根本就不必焦慮擔憂。像這樣子焦慮等待價格回漲，除了會造成心理方面的壓力，也會帶來時間上的損失。

　　更何況，在低價時買進和在高價時買進，獲利也大為不同。

　　也就是說，**和「買什麼股票」相比，「什麼時候買進」可說是同等重要，甚至可說是更重要的。**這個問題關乎到進場買股的時機。

　　投資股票最基本的就是要「在低價時買進，在價格上漲時賣出」（雖然這是理所當然的……）。請盡可能在低點買進、在高點賣出。進一步來說，最理想的時機點，就是先在股價快要上漲時買進，在快要下跌時賣出。只要在投資之前記住這一點，最後的成果應該就會大為不同。至少可以避免大家為股票緊張冒汗、陷入恐慌。而能夠幫助各位投資人，確實掌握買進和賣出時機的最便利的方法，就是判讀股價圖表。

總結　**在投資股票時，買賣的時間點非常重要。**

K線聖經

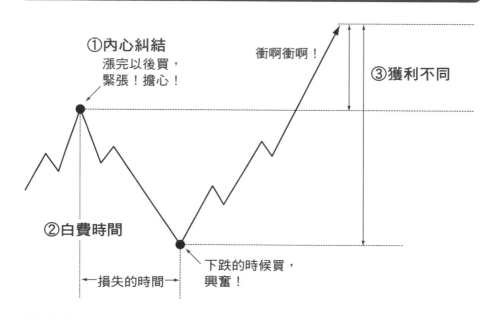

時間點對的投資和時間點不對的投資

①內心糾結
漲完以後買，
緊張！擔心！

衝啊衝啊！

③獲利不同

②白費時間

←損失的時間→

下跌的時候買，
興奮！

時機點對 的投資	①不用緊張擔心；②不會損失時間；③獲利較大。

02

K 線：
加入時間因素的股價波動描述

　　簡單來說，股價圖表就是將價格繪製成圖形、表格。觀察股價變化時，直接將數字列表來看，也是一種表現方式，但是用方格紙將數字畫成圖表，就更一目了然（見下頁），可以讓我們直覺的了解股價的變動。因為用視覺的方式表現變動的事物，比較容易讓人理解。

　　一般慣用的表現方式是，圖表橫軸為時間經過，縱軸代表股價變化。因此能知道價格如何隨著時間經過而變化（有的沒有時間軸）。

　　在推算投資時機時，「股價水準」和「時間經過」這2個因素很重要。透過長期觀察價格如何隨著時間經過而變動，就能抓到變動中具備的規則和方向性。而且，也可藉此預測股價未來的變動。透過觀察過去以來的變化，預測它未來的變動，這就是圖表分析。

　　圖表也分成好幾種。只記錄每日收盤價的是折線圖，還有記錄最高價和最低價的長條圖。以及接下來本書使用的，由開盤價、收盤價、最高價、最低價四種價位構成的 K 線圖。這種圖表，是日本很久以前開發出來的。它的特色就是，透過類似蠟燭的圖案，能更活靈活現的表現股價變動背後的「行情」。

 總 結　透過描繪「股價水準」和「時間經過」之間的關係，行情的變化將更一目了然。

繪成圖表後就能看出股價的變動

某家公司的股價變化

（日圓）

日期	收盤價	開盤價	最高價	最低價
2004/08/26	685	689	693	682
2004/08/25	683	670	688	668
2004/08/24	680	682	683	674
2004/08/23	672	676	677	671
2004/08/20	667	658	673	657
2004/08/19	668	655	669	654
2004/08/18	650	644	650	639
2004/08/17	636	644	644	635
2004/08/16	634	641	645	627
2004/08/13	640	655	656	640

如果繪成圖表

這支個股的K線圖

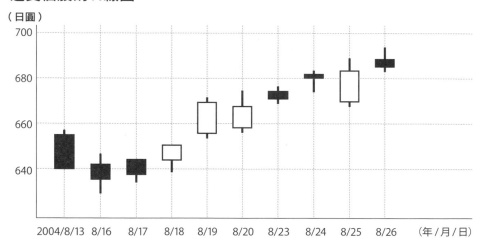

（日圓）

2004/8/13　8/16　8/17　8/18　8/19　8/20　8/23　8/24　8/25　8/26　（年/月/日）

折線圖

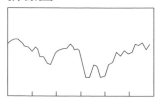

長條圖

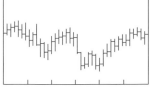

K線圖

03

透露股價相對位置和未來走向

　　前一節提到，透過觀察股價過去以來的變化，來預測今後變動的手法，稱為圖表分析。

　　在各式各樣的圖表中，具有最豐富的表情、同時也最受歡迎的，就是 K 線圖。想要找出在上下波動中運作的神奇機制，用 K 線圖可說是再適合不過了。本書接下來主要都以 K 線圖為基礎，同時也會合併使用其他相關的手法，為讀者分析。

　　雖然一般大眾都將這種圖稱為「K 線圖」，但這裡指的「K 線」（罫線）在日文中其實是畫圖用的方格紙。

　　聽說以前在日本東京證券交易所附近的街道上，一直到昭和三十多年（1955 年至 1965 年）為止，都還有人專門畫這種 K 線圖（蠟燭圖）賣給投資客做生意。由此可見，股價圖（K 線圖）從那個時候開始，就一直被視為珍貴的寶物。

　　雖然前一節曾提到「K 線圖是純日本產的」，但是它現在可是連美國華爾街都以「Candlestick chart」為名而廣泛使用著，堪稱是足以誇耀全世界的圖表分析法。

　　接著，本書就為各位整理，到底能從 K 線圖上知道些什麼。

K線聖經

①股價現在的位置

想知道現在的位置，這在圖表上可說是一目了然。

現在是不是已經漲（跌）得差不多？還是才剛開始漲（跌）而已？漲（跌）勢已經持續多久？這些都可以從圖表上一眼得知。

就如同股票市場裡常說的格言「漲得越高，跌得越深」一樣，通常在一波大漲之後，都會有一波大的反彈下跌。即使是初入股海的初學者，至少也該在進場之前先確認一下，現在的股價位置是在高檔還是低檔。同時，也是為了避免嘗到，如同本章一開始提到的那些失敗。

②顯示股價的走勢

現在的股價正在上漲還是下跌？這也是投資人一眼就可以從圖表中確認的。

透過觀察稍微長期一點的K線圖變化，如果圖形呈現的是往右上攀升的形狀，那就是上漲行情；如果呈現的是往右下下滑的形狀，那就是下跌行情。雖然這些話聽起來理所當然，但如果一支股票一直持續很順利的上漲行情，那麼就可以安心買進；如果股價正處在下跌行情中，最好敬而遠之。

而且，就算正處在長期的上漲（下跌）行情中，有些時候也會出現一些短期、細微的上漲或下跌波動，所以股價的變動真是非常複雜且微妙。

在圖表中拉一條稱為趨勢線的走勢線，或是利用移動平均線這類相關指標，也可明確表示出股價的走勢方向。

從圖表上可以知道

①股價現在的位置

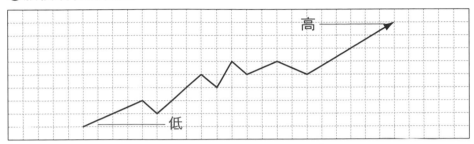

②顯示股價的走勢

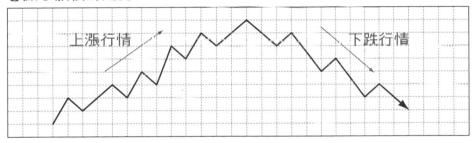

總結

‧投資股票前，要先利用圖表確認目前個股的股價位置。

‧在圖表中利用趨勢線或移動平均線等指標，也可明確表現股價的走勢方向。

04

看懂就能掌握變動的轉換點和高低價位

③能確認、預測股價變動的轉換點

　　一般來說，原本上漲的走勢停止上揚、反轉下跌的情況叫做「觸頂」，這時的最高價稱為「天花板」。持續下跌的走勢不再走低、反而轉漲的情況叫做「觸底」，這時的最低價稱為「地板」或「地板價」。

　　當股價到達天花板或地板的時候，就代表行情走勢的方向發生了改變。換句話說，如果已經進場的人知道股價觸頂卻不趕快脫手，獲利就會變少，甚至產生虧損。相反的，因為觸底就等於是一波新方向的行情，也就是上漲行情的開始，所以就成了很好的買進機會。

　　行情在觸頂或觸底時，股價的變動都會出現一些特徵。這些具有特徵的變動，大多數的情況，會在K線圖上顯現一些徵兆或訊號。只要把這些模式記在腦中，就能在對的時機點買賣。

　　在這類股價的轉換點上，及早行動非常重要。是否能早一步捕捉或預測到變化的徵兆，將會影響投資的成果。透過精準觀測K線圖或分析趨勢線，將會讓投資人能夠預測這些行情走勢上的變化。

④能掌握當日最高價和最低價

當股價以十分明確的方向變動時，有時會在一定範圍內不斷重複同樣的波動，也可能會在到達某個水準之後就停止變動。

要是投資人能夠發現這類股價規律變動的習性，將它運用在實際的投資上，就不會錯過任何買進的機會或賣出的時機。我們可以將股價容易停止變動的點、容易轉向的點，作為買賣的目標點。

那麼，為什麼圖表可以告訴我們股價的天花板或地板、最高價與最低價等未來發生的事呢？當然，要做到百分之百完全精準的預測是不可能的。因為K線圖這類圖表，頂多只是將訊息透過某種形式傳達出來而已。所以問題應該是，投資人是否能理解這些圖表所發出的訊號。

所謂的股票市場，是由非常多的投資人一起加入而成立。同時在這個世界中，各種形形色色的投資人不只會以經濟上的因素，也會以國內的政治情況、社會問題、國際經濟的動向、地緣政治學上的危機等種種要素，作為判斷標準來買進賣出。

他們的目的是什麼？當然不可能只是茫然的買進賣出。在這個世界裡，投資人將會為了盡可能賺取更多利益而彼此競爭。

因為利益的最大化幾乎是所有投資人的共同目標，所以在市場中，所有人的行動將會趨於一致。因為投資人是具有感情的人類，看到持有的股票價格開始下跌時會感到不安，也會在看到想買的個股開始上漲時，焦急著想要趕快買進。基於這類的心理狀態，股價在買賣時的變動，很容易呈現相似的模式。因此，觀察過去一直以來的變動，就能幫助投資人預測未來的當日最高價和最低價。

K線聖經

從圖表上可以知道

③能確認、預測股價變動的轉換點

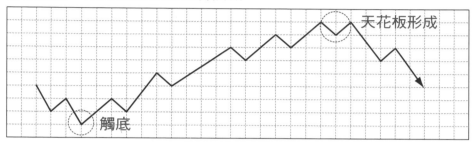

④能掌握當日最高價和最低價

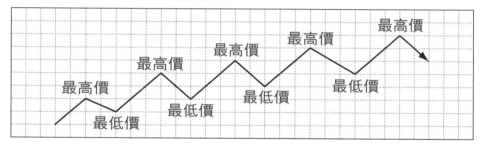

總結

・能確認並預測股價變動的轉換點，讓投資人及早行動。

・能幫助投資人掌握當日最高價和最低價，判斷進場時機。

第 二 章

有人就是可以早一天
說中行情
——K線圖基本篇

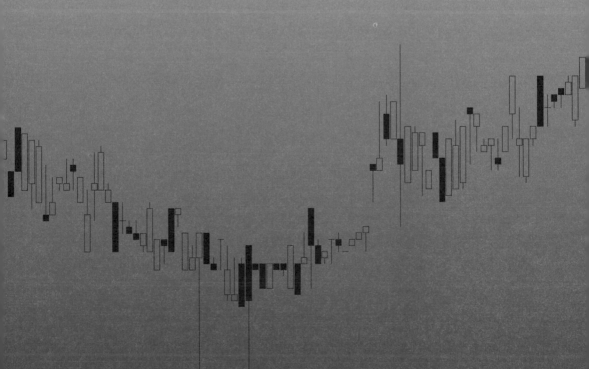

01

一天中的 4 個價位組成

　　蠟燭是在奈良時代（710年至794年），從中國傳到日本。在那個時代裡，人們的生活是日出而作，日落而息。只有在宮廷或者寺廟等場所，才會使用蠟燭這種珍貴的照明器具。蠟燭原本的功能是為了在黑夜中點上光明。

　　至於K線（日文名稱為蠟燭足），最早則是日本人在昭和時代（1926年至1989年）初期開發的，歷史並沒有那麼悠久。因為它的形狀和蠟燭很神似，所以才暱稱為「蠟燭足」（正式名稱應該為「陰陽足」）。話雖如此，若將它比喻為在看不清前方的股票世界裡、指引廣大投資人方向的「指路燈」，這個名字其實就深具意義。

　　請看下一頁「K線的基本形態」。雖然股票價格有時在一天之內也會有很大的變動，但是在一天中達到過的那麼多價格中，一開始的價格稱為「開盤價」，最後結束的稱為「收盤價」，當天最高的價格為「最高價」，最低的為「最低價」。

　　一家公司的股價，每天就是在這 4 個價位（日文中稱為四本值）的範圍變動。只要有這 4 個價位，就可以把一家公司當天所有的價格變動畫成棒狀圖。

K 線的基本形態

①收盤價比開盤價高 （陽線）

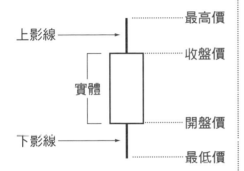

上影線
最高價
收盤價
實體
開盤價
下影線
最低價

②收盤價比開盤價低 （陰線）

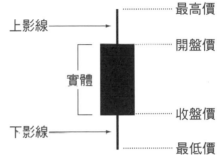

上影線
最高價
開盤價
實體
收盤價
下影線
最低價

③開盤價和收盤價相同

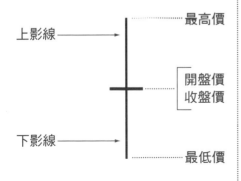

上影線
最高價
開盤價
收盤價
下影線
最低價

④開盤價、最高價、最低價、 收盤價都相同

開盤價
最高價
最低價
收盤價

在說明畫法之前,先帶大家了解一下股票的交易時間。

日本一般的股票交易時間是從早上 9 點開始到下午 3 點為止,中間包含了一小時的午休(11 點半至 12 點半),總長為 5 小時,此為東京證券交易所的情況,其他市場則是到下午 3 點半(編按:臺灣股市的交易時間是從早上 9 點到下午 1 點半,不含午休,共 4 個小時半)。

每個交易日的第一筆交易稱為「開盤交易」,最後一筆交易稱為「收盤交易」。開盤交易和收盤交易之間的交易則稱為「盤中交易」。因為交易時間中間有段午休,所以上午的最後一筆交易稱為「前場收盤交易」,午休過後的第一筆交易稱為「後場開盤交易」。如果畫成簡單的圖示,就如同下方的圖。

日本股市的交易時間

9:00	前場	11:30	（午休）	12:30	後場	15:00
▲開盤交易（開盤價）		▲前場收盤交易		▲後場開盤交易		▲收盤交易（收盤價）
●⋯⋯ 盤中交易 ⋯⋯●				●⋯⋯ 盤中交易 ⋯⋯●		

（註:東京證券交易所的情形）

總結 K 線是由開盤價、收盤價、最高價、最低價這 4 個價位構成。

02

自己動手畫K線，
從此對波動有感覺

接下來，就讓我們試著實際畫出K線。

首先，請各位先標出開盤價、收盤價、最高價、最低價等4個價位的點。

再來，請將開盤價和收盤價的點用四方形框起來。如果畫的圖是收盤價比開盤價還要高，請保持不變；如果情況是收盤價比開盤價還要低，那就請把畫好的四方形塗黑。換句話說，收盤價比開盤價還高的情形是白色四方形（陽線），收盤價比開盤價還低的情形是黑色四方形（陰線）。當開盤價和收盤價相同的情形，請用一條短橫線註記（編按：臺灣的情況，會用紅色標示陽線，綠色標示陰線）。

以第31頁的範例來說，因為它的收盤價高於開盤價，所以畫出來的是白色四方形。不管黑白，這個四方形在K線的世界裡稱為「實體」。

接著，再將圖中的最高價和最低價與實體連起來。最高價就從實體的上方畫條細線連上去。相反的，最低價也是從實體的下方畫條細線連起來。如此一來，K線的形狀就完成了。這個延伸出來的細線部分稱為「影線」或者「鬍鬚」，主要是從「實體和影子」的相對概念而來。以前日本人都稱它為「影線」，但是最近比較多人稱它

K線聖經

為「鬍鬚」。

　　依照股價變動的情況，K線有時也會出現沒有影線的情形（這種情況下的K線暱稱為「禿」）。

　　上下延伸出來的部分，若以中間用四方形框起來的開盤價和收盤價來看，它們代表的，不過只是一天下來走勢中途的擺動幅度而已，可以說就只是圖形中「附加」的部分。但是，之後將會告訴大家，就算只是「附加」的，它們也是像「零食裡附贈的玩具」一樣，在K線圖中相當重要。

　　這樣就畫好了一天的K線。如果每天都像這樣畫下去，最後就會成為一張完整的K線圖。

K線的畫法

①找出４個價位（開盤價、收盤價、最高價、最低價），
　在方格紙上描點。
②將開盤價和收盤價用四方形框起來。
③若收盤價高於開盤價，就保持原樣；若收盤價低於開盤
　價，就將四方形塗黑。
④將最高價、最低價用細線和實體連起來。

何謂K線

■K線的畫法

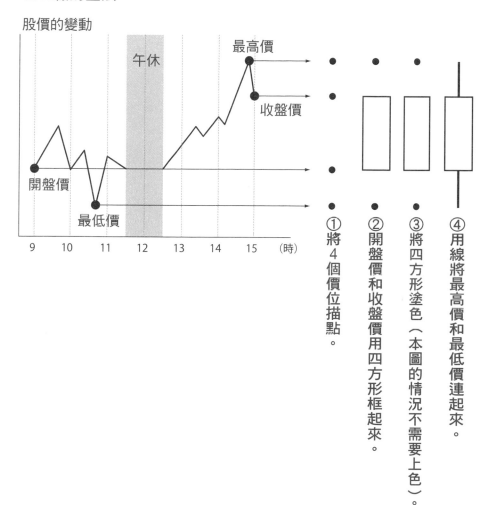

①將4個價位描點。

②開盤價和收盤價用四方形框起來。

③將四方形塗色（本圖的情況不需要上色）。

④用線將最高價和最低價連起來。

 總結 四方形的實體和上下延伸的影線，扮演不一樣的角色。

03

「實體」這樣述說
股價行情的方向和走勢

在K線圖中，之所以會將開盤價和收盤價用四方形框起來，只有一個原因，那就是重視「從多少價格開始，以多少價格結束」。

在結束一整天的交易後，若想知道最後股價到底是走高還是走低，只要從開盤價和收盤價連起來的四方形就可以得知。投資人可以從這塊四方形知道股價的「方向」（上漲還是下跌），和行情的「走勢」（漲多少或跌多少）兩項資訊。

之所以上漲用白色的四方形、下跌用黑色的四方形表示，是為了讓它的「方向」更清楚、更醒目。從視覺上區隔，將可以幫助我們更直覺的了解。（※請參照第34頁）

實體為白色的線是陽線，黑色的線是陰線。因為白色線是指收盤價高於開盤價（高價收盤），所以看到它就可以知道股價行情是往上的（上漲傾向）；因為黑色線是收盤價比開盤價低（低價收盤）的線，所以看到它就可以判斷股價行情是往下掉的（下跌傾向）。

股價的變動有時也會用強弱來表現。當上揚時，一般會說它的行情「走強」。相反的，當下挫時，就會說它的行情「走弱」。換言之，陽線（白色線）是走強線，陰線（黑色線）是走弱線。

稍微整理一下，就是「實體白色的線＝陽線＝上漲＝走強線」、

「實體黑色的線＝陰線＝下跌＝走弱線」。

　　話說回來，這種強弱的表現，也提醒投資人股價是透過供需關係形成的，是一種供給與需求之間的平衡關係。雖然聽起來好像很困難，但簡單來說，股價就是透過想賣股票的人和想買股票的人之間的勢力消長決定的。換言之，想買股票的人越多，股票的價格就會越高。相反的，如果大家都想賣股票，股價就會下跌。看股市時，也必須注意這種勢力關係。

　　一家企業如果今天傳出好消息，就會受到投資人歡迎。如此一來，想要買這家企業的股票的人就會增加。於是，買進的勢力就會增強，股價就會上漲。這個時候，漲幅就會顯現在白色四方形框起來的範圍（實體的長度）。

　　白色四方形的範圍越大，就代表行情越是走強，也可以說是一波上漲氣勢強大的變動。

　　相反的，黑色四方形的陰線實體越大，就代表行情越是走弱。就會是一波下跌走勢強大的變動。

　　實體的長短，代表行情的強弱，也代表上漲、下跌走勢。

　　那麼，如果只有一條短橫線、開盤價和收盤價都一樣的Ｋ線，這時又該如何解讀呢？因為這種Ｋ線並沒有實體，所以既無法從中看出股價行情的方向，也無法衡量它的走勢。因此，一般無法對這種線做出任何判斷。

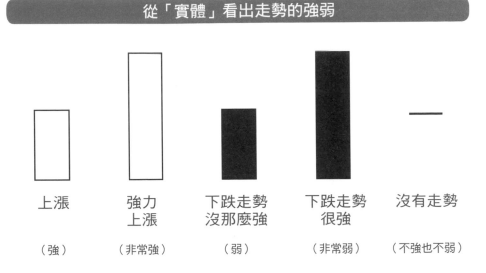

| 從「實體」看出走勢的強弱 | | | | |

上漲	強力上漲	下跌走勢沒那麼強	下跌走勢很強	沒有走勢
（強）	（非常強）	（弱）	（非常弱）	（不強也不弱）

※ 過去日本K線的顏色似乎是紅色和黑色，所以才會留下像是「連雙黑」或「紅三兵」等暱稱。此外，一般在網路上看到的K線圖標記方式，有些也會使用紅色和綠色（紅色上漲、綠色下跌），但是本書是以白色搭配黑色為大家說明。（編按：臺灣則是以紅、綠兩色標示。紅色代表上漲、綠色為下跌）。

重點 白色代表上漲，黑色代表下跌。實體的長度越大，走勢越強。

04

影線會表現出 「投資人心理動搖的程度」

　　大多數的Ｋ線都會有影線。只有實體的Ｋ線雖然很簡單明快，但加上影線之後，每根Ｋ線就會擁有各種不同的微妙性格。前面雖然提到它是「附加的」，但實際上它的重要性絕對不只是「附加的」而已。

　　首先，讓我們思考一下，Ｋ線在什麼情況下會出現影線。

　　某天，有一支股票的變動如同第 37 頁的圖。雖然它的股價在上午的時候都很穩定，幾乎都只有一些微小的波動，但下午才開盤沒多久，這支股票的發行公司就傳出開發新產品的消息，也因此大受歡迎。於是，股價便突然開始翻漲。直到當天尾盤，因為開始有些投資人賣出股票，所以收盤價比它當日最高價稍微低一點。

　　如果根據這樣的股價變動來畫Ｋ線，就會如圖中右邊那樣，形成在實體的上方有影線的陽線。

　　像這類實體很長的陽線，我們已經可以看出它是根「上漲走勢很強的Ｋ線」。但問題在於它上方的那條影線。

　　這支股票會收盤收在上漲幅度縮小的地方，就代表①很久以前就買進的人、②當天早上剛好買到的人、③目標為賺取短期價差的證券交易員、④透過信用交易行使賣權的投機客等，都因為股價急

速上漲而賣出了。因為收盤價和上午的價格相比，已經在相當高的水準，所以光看實體的話，這根K線還是走強；不過若從當天的最高價來看，就「稍微下跌」。這就代表，股價一旦到達這個水準，就很容易出現拋售的情況。

　　就賣出股票的投資人心理來看，他們可能認為「這支股票不像是會繼續上漲的樣子」，或者「這支股票已經漲夠了」。總之無論如何，就是有人看到下午上漲後的價格想迅速拋售。

　　另一方面，股價因為這波賣壓的出現而下跌，又有可能造成另外一群買在當天高點的投資人開始擔心害怕。要是到了隔天還繼續下跌，這些投資人就很有可能開始出售股票。

　　事實上，像這種在短時間內股價急速上漲，到當天收盤前就有賣壓出籠的情況，是很常見的類型。雖然從K線的實體非常長這一點來看，可以證明它是根「有走勢，而且走勢很強的K線」。但是如果說一根沒有影線的長陽線是「非常走強的線」好了，那麼這根有影線的陽線，就應視為只是「走強的線」就好。這裡就會出現走勢強弱的差別。

　　因為股價上漲而出現想脫手的人，這種供需關係（勢力關係）上的微妙變化，或是開始想說「等等喔？」的這類投資人心理上的「動搖」，都會反映在這個影線的部分。相對於顯現出「方向」和「走勢」的實體，影線顯現出人們對於股價一口氣上漲或下跌的懷疑。

某天的股價（A）

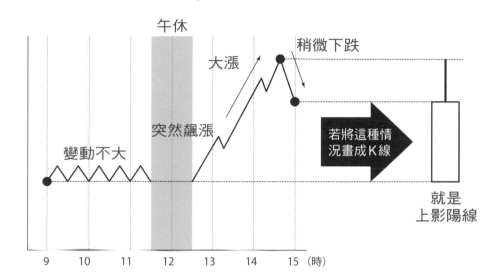

午休

稍微下跌

大漲

突然飆漲

若將這種情況畫成K線

變動不大

就是
上影陽線

9　10　11　12　13　14　15　（時）

 重點　**有影線就代表，行情的氣勢「沒那麼強」。**

05

形狀相同的 K 線，
隱含的過程通常不同

　　首先整理一下影線代表的意思：實體上方的影線代表「上漲後又下跌」、實體下方的影線代表「下跌後又上漲」。因此，出現在白色實體的陽線上方的影線，可能是股價行情從「上漲」轉為「下跌」的徵兆。相反的，連接在陰線下方的影線，可能表示方向已經從「下跌」轉為「上漲」。

　　尤其是影線的長度，越能鮮明的表現出這種「動搖程度」，所以請務必小心注意。例如，下影線非常的長、但是實體範圍很小的K線（以「紙傘線」〔見第53頁〕最具代表），就是典型的觸底K線。

　　不過，就算是同樣形狀的K線，每一次隱含的變動過程也不一定會相同。

　　在前面第37頁看到的K線，是股價在下午才開始翻漲的例子，但如果是從上午就開始翻漲，並且經過了一波賣出拉回之後，收盤前股價又再度被炒熱到結束，這樣的變動過程又會是什麼結果？若從K線上來看，它還是會跟第37頁的圖形一樣，是一根有著上影線的陽線。

　　但是，若從股價一整天的波動來看，就會知道兩者有很大的不同。從經歷了因為上漲而出現的賣出之後、又再度上漲的整個變化

來想，這種類型的K線似乎比較強。

因為畫K線時只擷取了4個價位，**所以其他細微的變動，都會被割捨**。因此，當投資人在觀察K線圖時，最好能夠注意到這種被割捨掉的細微差異，一邊推測股價可能的實際變動，一邊觀察走勢比較好。

此外，多做一些「因為股價這樣子變動，所以有可能會出現這種K線」的想像訓練也很不錯。透過這樣的訓練，將能更深入了解K線的性質。

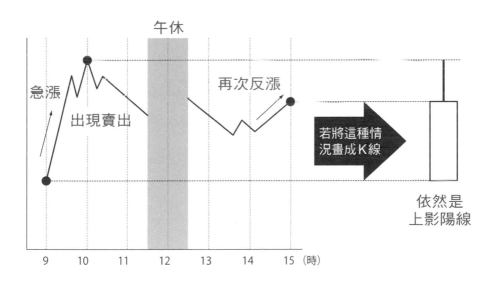

某天的股價（B）

午休

急漲

出現賣出

再次反漲

若將這種情況畫成K線

依然是
上影陽線

9　　10　　11　　12　　13　　14　　15　（時）

K 線與股價的變動過程

雖然變動過程不同，但用K線表示的話，<u>形狀一樣</u>

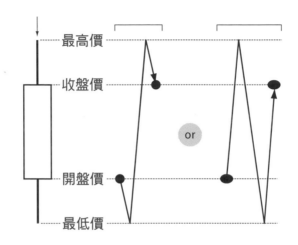

雖然變動過程不同，但用K線表示的話，<u>形狀一樣</u>

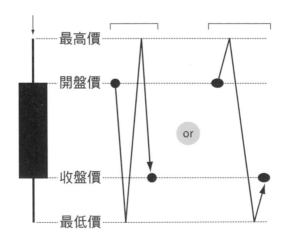

 影線有時也會顯示出決定性的變化。

06

K 線的基本形狀有 5 種

　　每根K線都有獨自的性格。依照它唯二的構成要素，即①實體與②影線之間的形狀與搭配的不同（實體的黑白、長短、有無影線的上或下及上下都有、長短、有無），將出現各種天差地別的變化。不過，如果將其中比較相似的擺在一起，大致上可以分成九類。這九類名稱就是K線的「一般名稱」。因為這九類都有各自的稱呼，每一種也都具備各自獨特的性質。

①大陽線、大陰線

　　實體長的K線。白色是大陽線、黑色是大陰線。因為K線實體的長度顯示的是股價往該方向的走勢，所以大陽線的特徵是「上漲的走勢很強」（行情非常走強），大陰線的特徵是「下跌的走勢很強」（行情非常走弱）。因為大陽線和大陰線本身就屬於很強力（無論是上漲方向或下跌方向）的K線，所以它們的出現其實也就代表了行情的方向轉換。除此之外，實體極長的K線又稱為「長大陽線」和「長大陰線」。

②小陽線、小陰線

　　和①相反，指的是實體幅度小（短）的K線。實體多短的K線

K線聖經

才稱為小陽線（小陰線）、多長才稱為大陽線（大陰線），並沒有一個明確的標準。也有人暱稱它為「陀螺」。實體幅度極小的K線另外稱為「極小陽線（極小陰線）」。K線的實體越小，越缺乏方向感，也越難讓人感覺到走勢。極小線容易出現在股價缺乏變動的持平狀態。

③上影陽線、上影陰線

　　影線的位置不同，稱呼也不同。實體上方有著相對較長影線的K線稱為上影陽線（陰線）。在這種情況下，無論實體下方有沒有影線都沒關係。換句話說，就是指實體上方有著明顯長影線的K線。這種K線代表股價曾經一度上漲，但後來又被賣出拉回，能夠從它較高的股價感覺得到抵抗。從上影線也可以感受到投資人內心的動搖。即便它是陽線，也缺乏上漲的走勢，不是多有力的K線。

④下影陽線、下影陰線

　　和③相反，指的是實體下方有長影線的K線。實體上方有沒有影線都沒關係，因為它的形狀代表曾經一度重跌又再買進拉回，所以從中可以感受到從較低股價而來的抵抗感。即使它是陰線，如果有這根長下影線在，雖然方向往下走，但能夠看出下跌行情的走勢正在減弱。不過，如果是在股價已經上漲之後、出現在高價圈裡，就會被視為天花板形成的訊號。

⑤同價線

　　開盤價和收盤價剛好在同一個價格，實體完全沒有厚度的K線。日文中稱為「寄引同事線」，主要是取開盤價（寄り值）和收盤

價（引け値）」的頭一個漢字，意思是指「開盤價和收盤價是同一條線」。在這種K線上既感覺不到方向，也感覺不到走勢。因為股價本來應該是會變動的，所以對於這種欠缺變化的狀態，一般會稱為「膠著」，並且視為行情的轉換點或分歧點。上下都有影線的同價線，則稱為「十字線」。

 重點

①大陽線、大陰線：代表行情的方向轉換。

②小陽線、小陰線：極小線，容易出現在股價缺乏變動的持平狀態。

③上影陽線、上影陰線：代表股價曾一度上漲，但又被賣出拉回。

④下影陽線、下影陰線：代表股價曾一度重跌又再買進拉回。如果出現在股價上漲後的高價圈，會被視為天花板形成的訊號。

⑤同價線：開盤價同收盤價，感覺不出方向和走勢。

K線的5種基本形狀

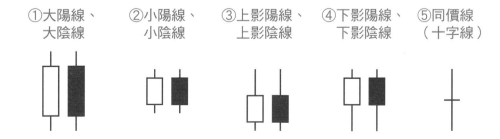

①大陽線、大陰線　②小陽線、小陰線　③上影陽線、上影陰線　④下影陽線、下影陰線　⑤同價線（十字線）

07

有時只看一根還不夠

　　雖然每根K線都具有各自的特性，但若將多根K線組合起來一起觀察，股價的方向和走勢將會更為鮮明。影線部分出現的變化徵兆，也會因為搭配後來的K線而不再只是猜測。如此一來，也會提升走向預測的精準度。

　　具體一點來看，右頁的K線圖是宜得利（NITORI）控股公司2014年6月到7月間股價急速大漲時的走勢。6月24日出現的，是完全包覆住前一天極小線的大陽線，是被稱為「懷抱線一柱擎天」（請見第63頁）的股價強力探底訊號。

　　前一天的極小陰線，因為相當接近十字線，所以它其實已經暗示了股價行情即將出現轉機，只不過隔天的大陽線又更讓人完全確定。

　　這一次急速上漲的背後原因，是投資人發現這家公司6月份的銷售情況大好，注意到該公司的業績沒有因為消費稅的調升而滑落，一波新的買進勢力崛起，讓它的股價在大約2週內，形成了上漲超過1,000日圓的上漲行情。

　　另外一個注目的重點，是7月3日高價位時的K線。接續在前一天的大陽線之後，雖然開盤走高，但是之後股價卻下跌到收盤時與前一天的陽線實體範圍重疊，這稱為「覆蓋線」。這個組合代表的意

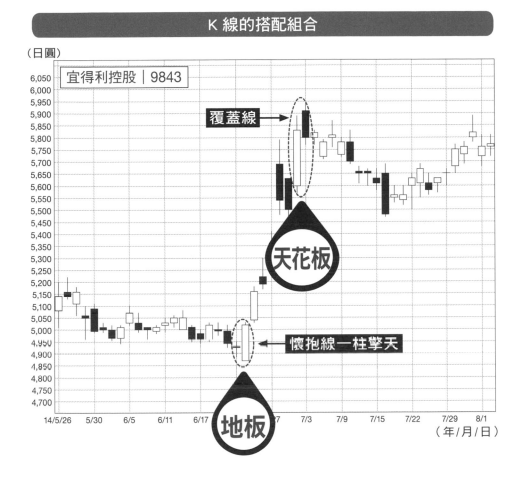

K 線的搭配組合

（日圓）

宜得利控股｜9843

覆蓋線

天花板

懷抱線一柱擎天

地板

14/5/26　5/30　6/5　6/11　6/17　　7/3　7/9　7/15　7/22　7/29　8/1

（年／月／日）

思是，雖然前一天行情的漲勢很好，卻被新出現的賣出勢力拉回。
宜得利控股的股價就是以此為分界點開始下跌。

　　以上的K線組合，雖然都屬於短期變動，但都是出現「地板」
和「天花板」訊號的典型例子。

　　投資人的心理會隨著供需關係的變化而變動，也將會很明顯的
表現在K線上。就算對於只看一根K線做出的股價走勢預測感到不

安，但只要試著再多看之後的線圖，應該就能準確解讀行情走勢的轉換時機。

只看一根K線會擔心，但再多看幾根，就會提高準確性。

08

最受歡迎的是日線圖、週線圖

　　K線依照設定期間的長短，可製作成各種不同的圖形。

　　以分鐘為單位、不斷進行買賣的當日沖銷客們，會看稱為「分線圖」的超短期K線圖來交易，以前也有些人會將上午的盤勢和下午的盤勢分開來，畫成「半場線圖」。另外，在外匯交易者中，也有人會使用5分線圖、10分線圖、20分線圖等奇怪規則的K線圖。

　　基本上只要覺得好用，愛用什麼K線圖都無所謂，但在一般股票投資的世界裡，最受大眾歡迎的，就是日線圖和週線圖。

　　在某些K線的書籍會提到，K線就是要以日為單位來看。因為K線最早就是為了分析每日價格的變動，而開發出來的方法。其他像是週線圖或月線圖等，都只是日線圖的延伸應用、援用而已。

　　因為畫K線時，只集中在設定期間中的4個股價，所以月線圖或年線圖等期間較長的圖表，就會省略過程中發生的各種複雜變動，因此會過於單純，若用來進行複雜分析的話，會有風險存在。

　　不過，如果是想設定稍微寬鬆一點的區間，來觀察長時間的「股價行情的脈絡」，那麼週線圖應該會是最容易看懂的。極大部分的個人投資者都是以週為單位操作股票（週末檢查股票狀況，決定下週的操盤方式），所以大都很熟悉週線圖。

　　因此，本書基本上主要是使用日線圖，但必要時也會讓各位看

週線圖。儘管如此，日線圖和週線圖、月線圖雖然都是顯示同一段
時期的股價，畫出來的圖形也會極為不同。這個部分請參照下一頁
圖示。

　　（編按：以Yahoo！奇摩股市〔tw.stock.yahoo.com〕為例，
可於首頁輸入股票名稱或代碼，點擊所選個股後，再點選技術分
析，即可找到該個股的日線圖。將左上角「日線」欄位往下拉，就
可另外選擇30分線、週線、月線等，示意圖如下。）

**重點　畫K線圖時可自由設定期間。不過，日線圖和週線圖是
投資人最常用的。**

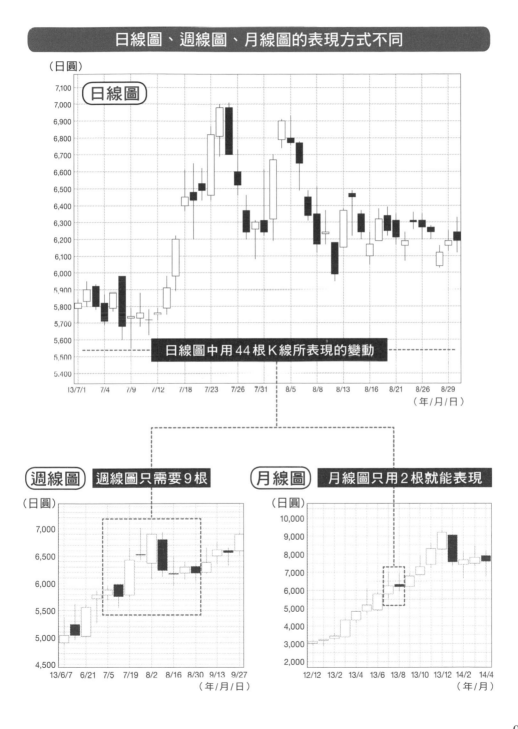

第 三 章

價值連城的 K 線口訣應用
——務必驚醒的 15 個訊號

01

記綽號，走勢一眼就看出

　　以第41頁介紹的基本形狀為基礎，K線有多種不同的變化。有幾種形狀有特別的綽號，一般大眾也都會用這些綽號稱呼，所以要是能將這些K線的綽號和特徵記起來，會方便許多。

　　例如，上下沒有影線的大陽線稱為「陽形禿」，代表的意思是「上漲的走勢很強」。相反的，「陰形禿」的特徵是「下跌走勢很強，即上漲力很弱」。如果大陽線的上方或下方有影線，那就是「陽形開盤禿」或「陽形收盤禿」（只要有影線，走勢就比不上陽形禿）。

　　有些K線的綽號最後都會加上「禿」，這是因為它們的實體像「和尚的頭」，都至少有一端光禿禿的，跟股價本身的走勢無關。此外，像是陀螺線、蜻蜓線、墓碑線等，很多K線綽號的由來也是因為形狀相似，而不是從它們具有的性質而來。

　　話雖如此，這些K線能夠被取綽號，就證明了它們是值得注意的存在。因為不重要的話，根本就不會有人關注，更不會替它們取綽號。

 重點 **因為是重要的K線圖形，才會有綽號。**

陰形禿	陽形禿	陰形收盤禿	陰形開盤禿
非常走弱	非常走強	暗示走弱、下跌	

陽形開盤禿	陽形收盤禿	陀螺線	
暗示走強、上漲		游移不定	

蜻蜓線		墓碑線	十字線
轉換期		轉換期	上下影線都很長的話 代表攻防的分歧點

紙傘線（槌子線）		4 個價位相同（同價線）	
出現在高點時賣出 出現在低點時買進		將會是轉換線	

02

「缺口」是重要的關鍵字

　　在看K線圖時，有一個絕對不能忘記的關鍵字，那就是「缺口」。它指的是每根K線間空缺出來的空間。也有人叫它「空」，英文中則是稱做「gap」。

　　當股價已經維持上漲走勢好幾天，而且漲勢又再度加強的時候，或者是當該股半夜放出什麼利多消息的時候，它的開盤價就會突然衝到比前一天的收盤價還要高的位置。這種情況就叫做「**向上跳空**」。

　　相反的，如果股價一直下跌，並且從比前一天的收盤價還要低的價格開始交易，那就叫做「**向下跳空**」。

　　無論是哪一種，都代表了股價上漲或下跌的氣勢很強。因為當天的最低價（向下跳空的情況就是「最高價」）碰不到前一天的最高價（「最低價」），所以在圖表上就會形成空缺。

　　因為缺口是在這種特殊的情況下產生的，所以之後說明「晨星」（請見第72頁）或「夜星」（請見第74頁）這種將2、3根K線搭配在一起觀察的時候，它的出現通常都會成為重點。

　　無論行情是走強還是走弱，只要有一方的勢力過熱，就有可能連續出現好幾次的缺口（跳空）。這時，例如一般說的「三空後準備賣出」，當K線圖上連續出現向上的3個缺口，代表市場上所有買進

能量都已釋放，所以就會判斷這時的行情暫時會是天花板。

　　一旦 K 線圖上出現缺口，就很容易出現一股力量去填補那個空格（稱為「回補缺口」）。因為缺口會造成 K 線圖形不穩定，所以股價會有填補空格的習性。在股票市場上，也有「拉回整理只會到缺口為止」、「三日不回補缺口，就代表走勢很強」等格言。

出現缺口的 K 線圖

（日圓）

岩谷產業｜8088

關鍵字是缺口

缺口

缺口

14/3/28　4/7　4/15　4/23　5/2　5/14　5/22　5/30　6/9　6/17　6/25　7/3　7/11　7/22　7/30

（年／月／日）

2014 年初夏，岩谷產業被視為「氫氣關係股」而大受歡迎。受歡迎的起點為 5 月 26 日的「向上跳空」。前一天的最高價 577 日圓和當

日的最低價 586 日圓之間，出現了缺口。雖然隔天開始市場便出現賣壓，但仍無法完全回補其缺口，可見其漲勢之強。之後每次該股票大受歡迎時，都會產生缺口。

股價走勢增強時，出現在 K 線間的空缺，稱為「缺口」。無論股價是走強還是走弱，只要有一方的勢力過熱，就可能出現連續缺口。一旦 K 線圖上出現缺口，股價很容易出現回補的力量。

03

目的：
看出天花板、地板和轉機來臨

股票市場上有句俗諺說：「股價行情在悲嘆中觸底，在狂熱的盡頭觸頂。」這兩句話都是在形容，投資人的心理和「冷靜」二字，永遠八竿子打不著關係，唯有圖表總是冷眼旁觀股市行情的變化。

如同先前提到的，投資的成果只取決於「低點買進，高點賣出」。而這低點中的低點、低到沒有辦法再低的股價水準，我們稱為「地板」；至於高點中的高點、高到沒有辦法再高的股價水準，則稱為「天花板」。

各位只要看第59頁的 K 線圖就能知道，時機對於股票投資來說非常重要。要是能夠在「地板」買進、在「天花板」賣出，可想而知就能獲取最大的獲利。

從過去以來，熱衷技術分析的投資人，都會耗費最大的精力找出股價的「天花板」和「地板」。之所以會這麼做，只有一個原因，就是想賣在最高點、買在最低點。

當然，在現實中，不可能精準預測股價的天花板和地板，但是只要能夠熟練分析 K 線圖，就可以大幅提升這方面的精準度。

有些 K 線，特別容易出現在股價的高價圈或低價圈中（可能為一根或多根 K 線的組合），也有一些 K 線，會出現在原本幾乎沒什麼

變動、正在停滯中的股票，作為個股開始新動作的出發點，也就是所謂的「轉機的訊號」。希望各位都能夠透過K線圖掌握它們。

　　從第60頁起，本書將帶各位辨別一些K線圖發出的觸底或觸頂的訊號，和轉機的訊號。這些也是**投資人不可不知的15個訊號**。

 投資人會淪於情感，圖表則會冷靜觀察。
找出股價的「天花板」和「地板」，就能做到時機精準且高效率的投資。

地板、天花板、轉機訊號的 K 線圖

（日圓）

上圖為日經平均股價指數的週線圖。在第二次安倍政權誕生的前一晚，出現了 2012 年 11 月第 3 週的大陽線，將前一週的小陰線包裹起來的「懷抱線」(A)。新的買進勢力出現，市場進入上漲行情。2013年 6 月出現陰陽相反的「懷抱線」(B)、2013 年年底到 2014 年年初出現的「夜星」（近似，C）皆暗示了股價進入天花板。(D) 和 (E) 為暗示轉機的 K 線。

04

槌子線：
大幅下跌後又大幅拉回

觸底的訊號　頻繁度 ★★☆

在下跌行情持續了好一陣子、一連串陰線後出現下影線很長、但實體很短的K線稱為「槌子線」（見右頁圖），一般視為「觸底的訊號」。

股價的下跌行情如果一直持續，不光是短期買賣的投資人，就連長期持有的人也會開始厭倦這支股票。如果賣方勢力的攻勢再加入這些投資人的拋售，下跌的速度很容易加快。

看到槌子線，可以判斷這天的股價，也是在交易時間內一度大跌，但是大部分的賣出勢力似乎也在這一天耗盡，之後又出現一波新的買進勢力將它大幅拉回。

因為呈現的形狀是「下挫轉上揚」，所以是否出現先大幅跌落再大幅拉回的情況，將是這種K線的關鍵。下影線的長度也是用來判斷這一點的重點。

槌子線的實體部分是短的，就算是極小線也沒關係，但是不可以是十字線。此外，實體的陰陽則是皆可。總之，它的下影線必須夠長，否則就不算是「槌子線」。

因為槌子線出現在「股價持續下跌」的時候，所以通常前一

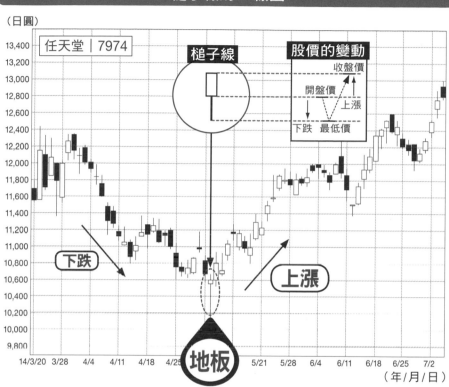

槌子線的 K 線圖

任天堂的 K 線圖在 2014 年 5 月 8 日形成完美的「槌子線」。該公司在前一天收盤後發表了 2014 年 3 月結算報告，其中營業赤字擴大的情況，造成了投資人大量拋售。不過，因為該股從 1 月份開始就一直持續著下跌行情，所以某種程度的業績不良早已在之前就反映完畢，結果反而出現新的買進勢力，讓該股從此進入上漲行情。

下跌行情之後若出現槌子線，就是買進機會！

K線聖經

天、前兩天都會呈現陰線重疊的情況。雖然一根「實體短且有下影線」的K線，本來就意味了行情陷入「膠著」，也很可能出現在平穩波動的區段，但是因為「槌子線」是出現在下跌行情的最後，所以很明確的是一個「轉換」的訊號。

當然，就算有槌子線出現，市場上也應該還殘留著賣出勢力，但是只要隔天的K線圖上出現的是陽線，應該就可以確定買賣勢力關係已經逆轉了。

重點　槌子線：

‧在下跌行情持續了好一陣子、一連串陰線之後出現。

‧通常被視為股價觸底的訊號。

‧實體短、陰陽皆可，但下影線必須夠長，否則就不算是「槌子線」。

05

懷抱線一柱擎天：
陽線足以將前一根陰線包住

触底的訊號　頻繁度　★☆☆

在小陰線之後出現漲幅很大的陽線，這根陽線如果足以將前面的小陰線包住（見下頁圖），那麼這根陽線就叫做「懷抱線」。雖然單從一根根的 K 線來看，小陰線接大陽線就只是從「走弱的線」變化成「走強的線」而已，但如果它們出現在長期下跌行情後的低價圈，那麼就會稱呼這組 K 線為「一柱擎天」，一般視為是非常強力的「觸底的訊號」。

這一組線的情形是，雖然之前因下跌而持續的賣壓一直影響到當天而開得很低，但是賣壓也就在此暫時結束了，之後買方反而居於優勢，股價反漲。小陰線後面接著大陽線，可以視為是足以包裹住賣方勢力的強力買方出現，逆轉了市場情勢。

陰線在下跌過程中逐漸變短，本來就證明了賣出勢力正在慢慢衰弱。這時候股價即將觸底的訊號就已經亮起。同時這也代表，市場上已經有些投資人一邊看著股票的供需變化，一邊正在預估進場買進的時機。而大陽線的出現，可以想成是原本不關心這支股票的人也開始關注了。

以「懷抱線」作為參考時，只要比較顯示行情走勢的實體長

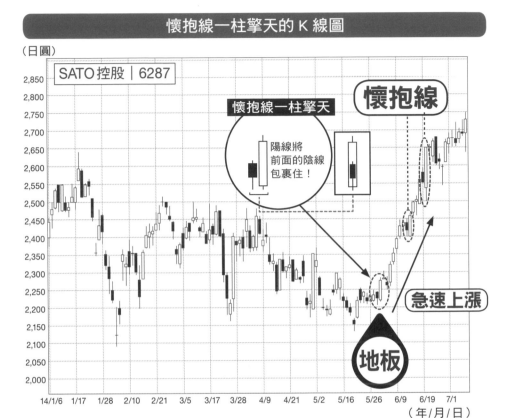

懷抱線一柱擎天的 K 線圖

（日圓）

SATO 控股｜6287

懷抱線一柱擎天

陽線將前面的陰線包裹住！

懷抱線

急速上漲

地板

SATO 控股在 5 月 30 日出現開盤價 2,243 日圓、收盤價 2,225 日圓的小陰線，次營業日的 6 月 2 日出現開盤價 2,220 日圓、收盤價 2,270 日圓的大陽線。形成了「懷抱線一柱擎天」。因為該公司股價從 1 月開始就持續下跌，所以雖不是整段下跌行情中的大低點，卻是進入夏季上漲行情的重要轉換點。之後也陸續出現懷抱線。

> **低價圈中若出現大陽線將小陰線包住，就是買進機會！**

度，看看當天的陽線實體，是否可以包裹住前一天的陰線實體，就算前一天的陰線有影線，也可以忽略。此外，如果是小陽線接大陽線的組合也沒關係。

另外還有一種陰陽相反的小陽線接大陰線的組合模式。這如果出現在低價圈，就會變成下一頁要看的「最後懷抱線」，也是另一種觸底的訊號。無論 K 線的陰陽怎麼組合，請大家注意，懷抱線的訊號如果「出現在下跌行情後的低價圈就代表觸底」、「出現在上漲行情後的高價圈就代表觸頂」。

重　點　懷抱線一柱擎天：
- 在低價圈出現當天的陽線實體，可以包裹住前一天的陰線（或是陽線，有影線也無妨）。
- 出現在下跌行情的低價圈代表觸底、出現在上漲行情後的高價圈代表觸頂。

06

最後懷抱線：
用大陰線一掃賣出勢力

触底的訊號　頻繁度 ★★☆

　　下跌行情持續一陣子，在陰線連續出現後，出現了一根短幅的陽線。不過，這根小陽線其實也起不了什麼作用。不出所料，隔天開盤雖然從比前一天還高的價格開始，但最後還是再度崩盤成為大陰線，形成足以包裹住前一天小陽線的大陰線「懷抱線」（見右頁圖）。

　　雖然出現大陰線容易讓人以為這支股票不行了，但是當這種情況出現，有時股價會在隔天意外反漲。這種「懷抱線」的模式稱為「最後懷抱線」，算是相當強力的觸底訊號。

　　儘管前一天出現的只是小陽線，但只要有陽線出現，就代表新的買進勢力看到股價在低水準而浮現。接下來的大陰線則是賣方的最後攻勢，代表賣出勢力的大部分能量都在此消耗殆盡。

　　雖然說陰線，尤其是在低價圈裡的陰線，一般都只會注意它向下走的方向，但是在下跌行情持續了好一陣子後，賣方勢力也正隨著時間經過而慢慢消逝。

　　「懷抱線」的隔天如果出現陽線，就更能確定買賣勢力關係逆轉（即觸底）。反之亦然。出現在高價圈的小陰線接大陽線的懷抱

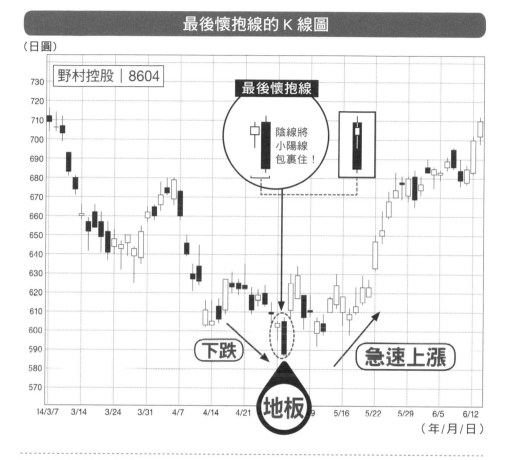

最後懷抱線的 K 線圖

野村控股的股價從 2013 年 11 月到 2014 年 4 月為止都是下跌行情。
4 月 28 日時出現開盤價 602 日圓、收盤價 604 日圓的極小陽線，次營業日則出現開盤價 605 日圓、收盤價 588 日圓的「懷抱陰線」。因為看到該股打破了年初以來的最低價，所以隔天出現了大量買進。高交易量下出現大陽線，一舉逆轉情勢。

下跌行情後，大陰線若將小陽線包住，就是買進機會！

線，也叫做「最後懷抱線」，這時就是「觸頂」的訊號。這種情形就是，買方看到賣方勢力崛起而釋出所有的能量，這種模式雖然形成大陽線，但最後攻勢也在此結束。

換成是前面第 63 頁解說的「懷抱線一柱擎天」也是一樣，最重要的是，不能拘泥於一般的概念認為「大陽線就是走強線、大陰線就是走弱線」。也就是說，「懷抱線」的重點在於出現的位置，如果懷抱線出現在高價圈就是觸頂，出現在低價圈就是觸底。

重點 最後懷抱線：

‧在下跌行情持續一陣子後，出現當天的陰線實體可以包裹住前一天的陽線。

‧出現在高價圈就是觸頂、出現在低價圈就是觸底。

07

捉腰帶線：
若在低點出現，是強力買進訊號

触底的訊號 　頻繁度 ★ ★ ★

第 53 頁的一覽表中的「陽形開盤禿（開盤價同最低價的線）」，依其出現的位置與搭配的組合不同，會扮演極重要的角色。

長期持續低迷行情、處在人氣排行榜之外的個股，投資人也不會太關心。它們既不會被售出，也不會有人購買，在供需面上完全呈現枯竭的狀態。這時，只要出現任何一點有利股價的好消息，吸引買家進場，股價大多就會一口氣向上跳空。這時候突然出現的 K 線形態就是「陽形開盤禿」（見下頁圖）。

因為是在賣家完全斷絕的狀態下加入了許多新的買家，所以股價會出現很大的變化。就算那些有利的消息或題材很雞毛蒜皮，在供需關係薄弱的狀況下，也會意外造成不小的衝擊，於是 K 線圖就會出現「大陽線」。

此外，就算具體的有利消息並未公開，市場上也會將這根大陽線的出現視為該股行情的重新開端，進而出現跟進買進的投資人。因此，股價很有可能會以這根「開盤禿」為起點，發展出龐大的上漲行情。

只要是沒有下影線的陽線（開盤禿）就可以算在內，所以就算

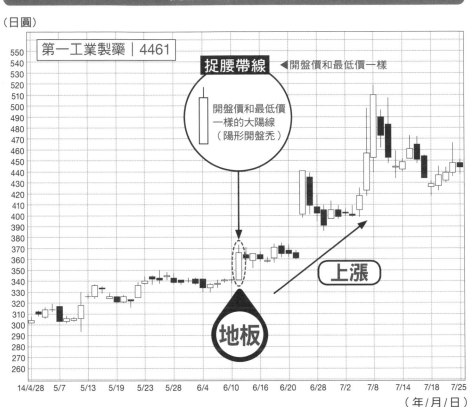

捉腰帶線的 K 線圖

（日圓）

第一工業製藥｜4461

捉腰帶線 ◀開盤價和最低價一樣

開盤價和最低價
一樣的大陽線
（陽形開盤禿）

上漲

地板

2014 年 2 月以後，第一工業製藥的股價就一直在低價圈休養。轉折點是 6 月 11 日出現的大陽線「捉腰帶線」。因為觀測到「關於新型電池的新消息」而上漲。前一天為同價線，當天的開盤價兼最低價為 341 日圓，收盤價為 366 日圓。股價至 7 月初為止，上漲了超過五成。

若在低價圈出現開盤價同最低價的大陽線，就是買進機會！

連上影線也沒有的「陽形禿」也沒問題。無論是哪一種，最重要的是要記住它們帶有喚醒沉睡中的股票的涵義。

在過去流傳至今、名為「酒田五法」的 K 線圖分析法中，「陽形開盤禿」特別被稱為「捉腰帶線」並備受重視。「捉腰帶」的稱呼是由日本的相撲動作而來。相撲選手有一種招式，是會捉住對手的腰帶向前推進，把對手推出土俵外。這個招式的感覺似乎和這根 K 線呈現的印象有些類似。

當這根陽的「捉腰帶線」出現在低價圈時，就是「轉換買進的決定線」。陰的「捉腰帶線」的模式則是完全相反，當它出現在高價圈時，就會是「轉換賣出的決定線」。

重點

捉腰帶線：

‧在供需面持續枯竭的低價圈，出現陽形開盤禿或陽形禿，為轉換買進的決定線。

‧但如果陰的捉腰帶線出現在高價圈，則是轉換賣出的決定線。

08

晨星：
在股價行情的黎明閃耀的星星

觸底的訊號 頻繁度 ★☆☆

在K線圖的稱呼中，有些綽號相當浪漫。

實體長度很短的線稱為「陀螺線」，**如果陀螺線出現在缺口之後就叫做「星」**。雖然這個綽號會讓人聯想到夜晚天空中出現的星星，但不只是向上跳空的情況會這樣稱呼，向下跳空之後出現的陀螺線也叫這個綽號，所以並非每顆星都出現在向上跳空。

這回介紹的是 3 根K線的組合。在大陰線後，先是跳空出現了陀螺線，接著第 3 根K線又再向上跳空出現陽線（見右頁圖），這樣的K線組合模式稱為「晨星」。

總歸來說，這個組合就是陀螺線在中間，前面是大陰線、後面是陽線，陀螺線和大陰線、陽線之間有缺口。這種組合如果出現在低價圈，就可以判斷它是「觸底的訊號」。因為晨星指的是清晨時天空中閃耀得最亮的金星，代表的**意思就是股價行情終於度過黑夜、迎向黎明了**。

畢竟向下跳空後出現「星星」，就是指雖然下跌的走勢強到足以產生缺口，但是若停留在實體很薄的陀螺線，就代表買方勢力正逐漸崛起，賣方和買方的勢力處於抗衡狀態。

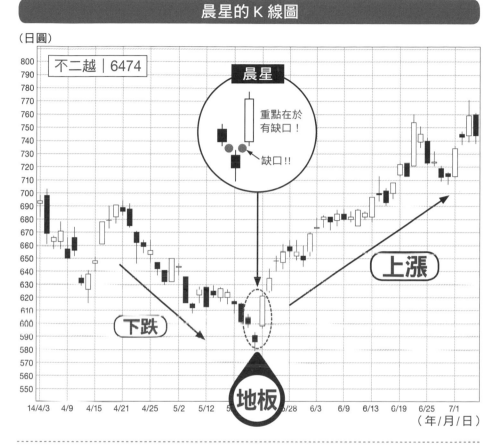

晨星的 K 線圖

（日圓）

不二越｜6474

晨星

重點在於
有缺口！

缺口!!

上漲

下跌

地板

14/4/3　4/9　4/15　4/21　4/25　5/2　5/12　5/28　6/3　6/9　6/13　6/19　6/25　7/1

（年/月/日）

上圖為不二越的日線圖。「晨星」出現在 4 月起的股價調整過程。5
月 20 日的陰線雖跌幅不大（開盤價 605 日圓，收盤價 599 日圓），
卻是在連續 3 根陰線的加速下跌狀況。隔天 21 日開盤價 591 日圓、
收盤價 586 日圓，跳空出現小陰線（陀螺線）。之後 22 日出現開盤
價 598 日圓、收盤價 623 日圓的大陽線，情勢大逆轉。

若在低價圈出現晨星，就是買進機會！

　　因為抗衡後的結果出現的第 3 根K線是陽線，所以股價行情也就此一轉，已經可以判斷確定會發生勢力交換了。

　　至於中間的陀螺線，無論是陰線還是陽線都沒關係。

　　雖然「晨星」指的是在低價圈出現、向下跳空的陀螺線，但是**如果出現在高價圈，我們就會改稱它為「夜星」**，並視為是「觸頂的訊號」。現實世界裡，「夜星」指的是日落之前出現的木星，還真是個很時尚的綽號。這時，**它的組合就會是陽線加上（缺口）陀螺線，再加上（缺口）陰線。**

　　如果正中間的K線不是陀螺線，而是十字線的話，就會稱為「捨子線」，之後將會說明。

晨星、夜星：

・在低價圈的陰線之後，先向下跳空出現陀螺線（是陰線或陽線都沒關係）、再向上跳空出現陽線的組合稱為「晨星」，是觸底的訊號。

・如果出現在高價圈，組合是陽線、跳空缺口、陀螺線、跳空缺口、陰線。就會改稱為「夜星」，並視為觸頂的訊號。

09

紅三兵：
行情開始啟動時出動的士兵們

觸底的訊號　頻繁度 ★ ★ ☆

　　出現在低價圈或上漲行情的中盤，3 根呈階梯狀並排、股價逐步上升的陽線（見下頁圖），稱為「紅三兵」。

　　紅三兵的「紅」，指的是陽線。以往在日本，K 線的陰陽曾經用紅黑來表示（陽線為紅，陰線為黑）。紅三兵這個稱呼，似乎是這時流傳下來的。此外，像是「向上跳空並列雙紅」（穩定走強線的意思）等等，也是用「紅」來代替「陽線」。

　　「三兵」的「兵」指的不是軍隊，而是從「並行」的「並」的日文諧音轉化而來。不過，這個 K 線組合也的確讓人覺得好像幾名士兵一邊匍匐前進、一邊準備上戰場的樣子，所以「兵」這個字可說是相當適合。

　　紅三兵一般會出現在，股價長期在低價圈休養、準備開始新一波上漲，或者在中盤調整了一段時間、要再度上漲的時候，是在行情要開始啟動的局面出現的圖形。這時，因為大多數的投資人還沒有注意到情勢的變化，所以股票的交易量不高、變動也不大。但是，因為這一波默默持續蒐購股票的勢力出現，使得股價一邊不斷提高、最低價一邊緩慢的上揚，K 線圖上不斷出現重疊的陽線。

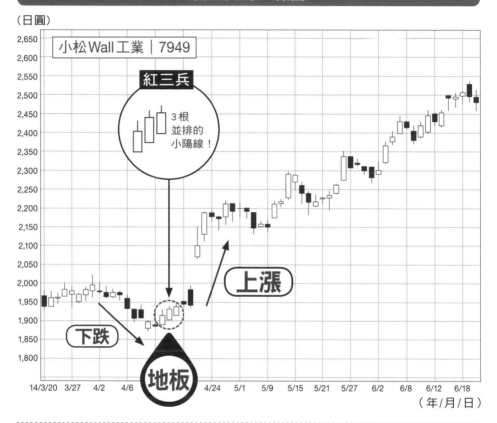

紅三兵的 K 線圖

（日圓）

小松Wall工業｜7949

紅三兵

3根
並排的
小陽線！

上漲

下跌

地板

14/3/20　3/27　4/2　4/6　　　4/24　5/1　5/9　5/15　5/21　5/27　6/2　6/8　6/12　6/18

（年/月/日）

上圖為小松 Wall 工業的日線圖。一波大的上漲行情從 4 月 11 日的 1,872 日圓大低點開始啟動。前一天的上影極小線（墓碑線）其實就顯示出，股價的膠著狀態已經到達臨界點（轉機）。隔天 15 日開始出現的 3 根陀螺線形成了「紅三兵」。三天後 22 日的向上跳空則是起跑信號。該股股價在大約 3 個月內上漲了近七成。

3根小陽線層疊上揚的話，就是買進機會！

　　因此，雖然 K 線圖上有時不只出現 3 根陽線，有可能是 4 根或 5 根陽線一起堆疊上去。換言之，一旦出現 3 根以上，多半就可以視為「上漲行情開始啟動的訊號」。這時一般出現的都是變動幅度很小的陀螺線，若是出現沒有影線的陽形禿會更好。只要發現這種 K 線組合，至少可以試探性的買一些。

　　此外，在 K 線圖上除了「三兵」之外，還有很多像是「三山」、「三川」等等特別重視「3」這個數字的分析手法。第 72 頁介紹的觸底訊號「晨星」，正確的稱呼也應該是「三川的晨星」（反之稱為「三川的夜星」）。由此可見，3 根 K 線的組合有多麼重要。

重點 **紅三兵：**

・在低價圈或上漲行情中盤，出現 3 根呈階梯狀並排、股價逐步上升的陽線。

・此時正是長期在低價圈休養的股價準備開始新一波上漲，或者在中盤調整了一段時間後要再度上漲。

10

覆蓋線：
股價飆漲的走勢踩了煞車

触頂的訊號　頻繁度　★★★

接下來觀察一些高價圈容易出現的「觸頂訊號」。

緊接在前一天的大陽線後的陰線，開盤價比大陽線的收盤價還高，但收盤價卻跌落到包含在大陽線實體內（見右頁圖），這稱為「覆蓋線」。因為形狀就好像覆蓋在陽線上，所以有此稱呼。

上漲行情如果持續了一段時間，K線圖上就會堆疊出好幾根陽線，因為這時偶爾會出現一根比較大的陽線，就會讓一些人也想跳進來搶。投資人的欲望就是這樣，很難停下來。

但其中有的人較冷靜。在已買進持有這支股票的人中，看到強勢的股價已進入佳境，就開始認為「差不多可以賣了」。這種開始想要脫手的心情反映在K線圖上，就會變成「覆蓋線」。

雖然股價一開始還延續著前一天的氣勢開在高點，但是這股氣勢卻沒辦法一直持續，最後反而以陰線作收。這種不好的節奏，正意味著這類投資人在心理上的變化和供需平衡的變調。

這種「覆蓋線」對上漲行情來說，扮演了煞車的角色。雖然一開始可能只是單純的踩煞車，但是當買進持有股票的人接收到「原本直線上漲的行情已經變調」的訊號時，也可能會一口氣全部賣

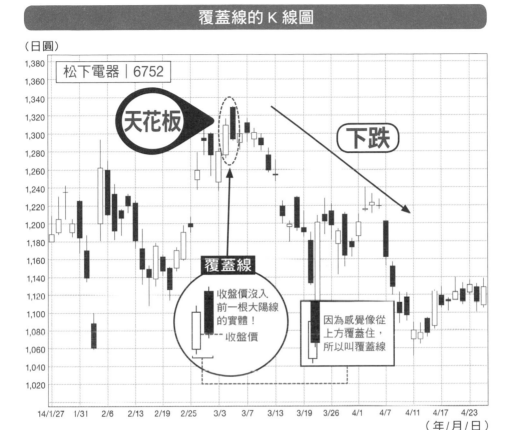

覆蓋線的 K 線圖

（日圓）

松下電器│6752

天花板

下跌

覆蓋線

收盤價沒入
前一根大陽線
的實體！

收盤價

因為感覺像從
上方覆蓋住，
所以叫覆蓋線

14/1/27　1/31　2/6　2/13　2/19　2/25　3/3　3/7　3/13　3/19　3/26　4/1　4/7　4/11　4/17　4/23

（年/月/日）

上圖為松下電器的日線圖。雖然 3 月 5 日的開盤價 1,329 日圓高於前
一天的收盤價 1,309 日圓，但是收盤價卻停在 1,294 日圓，跌進前一
天的陽線內，形成「覆蓋線」。重疊部分占陽線幅度將近五成。雖然
股價暫時以抵抗的形式在高價圈裡擺盪了四天，但最後還是在第 5 天
開始出現向下跳空。

如果重疊部分超過一半，就是賣出機會！

出。或者是賣家有可能認為「快到天花板了」而開始準備。如此一來，股價就真的會在這個地方觸頂。

從覆蓋線沒入前一天大陽線實體的程度，可大致看出這股煞車力道（抵抗力）的強度。若只有覆蓋一些，那麼上漲行情的持續力並沒有削弱多少，但如果覆蓋的程度超過一半，就可確定行情的基本盤一定有所轉換。再者，要是它完全包覆住前面的陽線，就會變成「懷抱線」，代表整個情勢已經逆轉，是很明確的賣出訊號。

重！點 覆蓋線：

· 緊接在前一天的大陽線後的陰線，開盤價比大陽線的收盤價還高，但收盤價卻跌落到包含在大陽線實體內，是上漲行情煞車的訊號，也是觸頂的訊號。

· 若陰線沒入前一天大陽線實體的範圍大，代表行情基本盤一定有所轉換。

11

吊首線：
買在這裡的話，就可怕了

触頂的訊號　頻繁度　★★☆

在上漲行情持續一陣子後出現，有著長下影線的極小陽線（見83頁圖），稱為「吊首線」。

各位可能會好奇，為什麼要取這麼恐怖的綽號。一方面這個綽號和這類 K 線的形狀很像，另一方面又有句俗語說「買在吊首線，小心逼得你想上吊」，所以這其實是個意義深遠的稱呼。也就是說，這是一個「千萬不能買在這裡」的觸頂訊號。

這個 K 線的變動過程有些複雜。首先它會從一個跳空的高開盤價開始。因為出現跳空，所以可以解讀為當時股價的上漲走勢還非常強。可是，從中盤開始，股價便因為一些持有股票的人賣出而轉為下跌，下跌之後又有一些人進場買進。最後，股價又被拉回到比開盤價還要高的價位。

因為這一天的股價曾經歷過下跌和再度拉回，所以很容易讓人以為行情走強，但是如此劇烈的上下變動，很可能造成買方勢力已經被大幅度替換，必須特別注意。

換句話說，這個時候，以低價買進股票的人已經通通退場，剩下的都是以高價買進股票的人。這些用高價買進的人會一直擔心漲

不上去，所以心理非常不安定。這時如果股價還不趕快上漲，這些人就很有可能崩潰。如此一來，走勢就會確定觸頂。

　　雖然在第 53 頁曾說明，有長下影線的極小線稱為「紙傘線」，但是要稱為「吊首線」，就必須具備一些位置上的特徵。當它出現在股價上漲一段時間後的高價圈時，會稱為「吊首線」，是一種「天花板形成的訊號」。相反的，當同樣形狀的K線出現在低價圈時，就會叫做「下阻線」，變成「觸底的訊號」。

　　吊首線的實體即使是陰線也沒關係，但是最基本的形狀是有著長下影線的陽線。

重點　吊首線：

　　　　‧在股票上漲行情持續一段時間後，出現長下影線的陽線（或陰線），是股價天花板形成的訊號。若出現在低價圈，則稱作「下阻線」，是觸底的訊號。

吊首線的 K 線圖

（日圓）

Wacom｜6727

天花板

吊首線

□←吊首線

在上漲行情
出現，如果
買在這裡會
很可怕！

下跌

14/2/4　2/10　2/17　2/21　2/27　3/5　3/11　3/17　3/24　3/28　4/3　4/9　4/15　4/21　4/25　5/2

（年/月/日）

上圖為 Wacom 的日線圖。股價在大約一個月內上漲了將近三成之後，3 月 31 日出現了「紙傘線」。之後，雖然連續四天展開了高價圈攻防，但最後行情還是向下跳了空。買在這天高點的人來不及做獲利確保，前一天的十字線也是暗示行情進入轉換期的線。

如果上漲行情出現長下影線的 K 線，就是賣出機會！

12

捨子線：
高價圈的棄子是大天花板訊號

觸頂的訊號　頻繁度　★☆☆

　　高價圈出現的紙傘線叫做吊首線，但如果出現的是十字線，就會變成「捨子線」。捨子線是由大陽線後面向上跳空接著十字線，再向下跳空出現陰線的 3 根 K 線組合（見右頁圖）。

　　這根十字線的出現是因為，雖然剛開盤時股價順著大陽線的方向向上跳空、開出高價，但是後來卻未能有更進一步的上漲，最後收盤收在和開盤時一樣的價格。

　　十字線是一種沒有實體，而且缺乏行情的「方向」和「走勢」的 K 線。當它出現在 K 線圖上時，其實往往都暗示著「行情的轉機」。

　　比方說，當它出現在上漲行情的中途，就代表上漲的氣勢會從這裡開始加速，或者轉為短期調整，意味著行情走勢即將會出現「變化」。因為捨子線的情況是出現在高價圈，所以又更具有象徵性的意義。

　　上下的影線意味著，在股價的上漲力減退的同時，新出現的下跌勢力也已經崛起。而且，這一波新勢力的抵抗能力還意外的強，上下兩股勢力一口氣抗衡在一起，所以才會形成一根失去方向感、

捨子線的 K 線圖

（日圓）

Cyber Agent｜4751

缺口

①陽線
+
②向上跳空十字線
↓
③向下跳空陰線

天花板

下跌

5,800
5,700
5,600
5,500
5,400
5,300
5,200
5,100
5,000
4,900
4,800
4,700
4,600
4,500
4,400
4,300
4,200
4,100
4,000
3,900
3,800
3,700
3,600
3,500
3,400
3,300
3,200

14/1/24　1/31　2/7　2/17　2/24　3/3　3/10　3/17　3/25　4/1　4/8　4/15　4/22　4/30

（年／月／日）

上圖為網路相關人氣股 Cyber Agent 的日線圖。上漲期間雖沒那麼長，但和前一天收盤價 4,675 日圓相比，3 月 11 日出現了開盤、收盤價皆為 4,750 日圓的十字線。隔天又出現開盤價 4,690 日圓、收盤價 4,610 日圓的陰線，形成了「捨子線」（因為沒有完全出現跳空，所以是「準捨子」）。於是開始連續出現陰線，進入下跌行情。

如果高價圈出現十字線，就是賣出機會！

完全沒有實體的十字線。

如果這根十字線之後出現的是陰線，就表示下跌方向的勢力又變得更強，就可以很清楚的確定勢力關係發生逆轉。接下來，就會輪到買方大舉撤退了吧。

關於「捨子線」這個稱呼，一般認為是透過「被父母拋棄掉的孩子，就不會再見面」的意思做的比喻，意指「股價到達過這個高峰後，就不會再上來了」。

捨子線無論是出現在高價圈或低價圈，都代表同一件事。在低價圈中出現的捨子線暗示的是「股價觸底」，在高價圈出現則是「股價觸頂」的訊號。

此外，如果中間那一根K線不是完全的十字線，而是實體很短的陀螺線，那就會變成先前第 72 頁說明過的「晨星」或第74頁說明的「夜星」。和那兩種線相比，捨子線的「上漲勢力」和「下跌勢力」之間的抗衡程度會更加強勁、更加緊迫。不過，不管是哪一種，都是強力的觸底（觸頂）訊號。

重點

捨子線：

· 在上漲行情或高價圈中，在陽線之後向上跳空接著十字線，再向下跳空出現陰線。

· 在高價圈是觸頂的訊號，在低價圈則是代表股價觸底的訊號。

13

逆襲線：
上漲行情出現反抗勢力

觸頂的訊號　頻繁度　★☆☆

這是一個陽線後接著出現陰線的組合。

這根陰線呈現的形狀，是開盤開高後，收盤時收在前一天陽線的收盤價（見第89頁圖），稱為「相遇線」。雖然它長得很像覆蓋線，但是不會像覆蓋線一樣沒入前一天陽線的實體內，而是會收在快要到達陽線的收盤價之前。雖然很少會有情況是剛好收在一樣的價格，但是它的基本形狀，就是**前一天陽線的收盤價等於當天陰線的收盤價**。

這種K線組合代表的是，雖然股價一開盤還承接著前一天大陽線的氣勢，大幅向上跳空、開在很高的價位，但是市場上也同時流傳著某種不利的消息，或是賣方已經蓄勢待發要開始脫手，導致尾盤的時候被拉回。會叫做「逆襲線」，也是因為這種勢力關係。

大陽線代表的是買方往上漲的勢力，接著出現的陰線代表的是賣方往下跌的勢力，這組K線的形狀呈現上漲勢力因為對抗勢力的出現而遭到反擊。

只不過，這時還不能說勢力關係完全逆轉。因為賣方這時候也還無法將股價攻回到前一天的實體內。兩天的收盤價都是相同價

格，就表示這時的勢力關係陷入了均衡狀態。當這種逆襲線出現在高價圈時，也只能夠把這種狀況解讀為「股價有了觸頂的可能性」而已。

為了確定勢力關係的變化，最好確定一下接下來出現的第 3 根 K 線是什麼形狀。如果第 3 根繼續出現陰線，對於買方來說很明顯是情勢變壞。相反的，如果之後繼續出現的是陽線，有時股價可能會再被推回高價位。

此外，這種逆襲線，也可以是陰線之後接陽線的組合。這種組合如果出現在低價圈，就會被視為「接近觸底的訊號」。

重！點

逆襲線：

· 高價圈中出現陰線收盤時收在前一天陽線的收盤價。

· 代表股價有了觸頂的可能，最好再確定一下隔天第 3 根 K 線的形狀。若在低價圈出現陰線接陽線的組合，則是接近觸底的訊號。

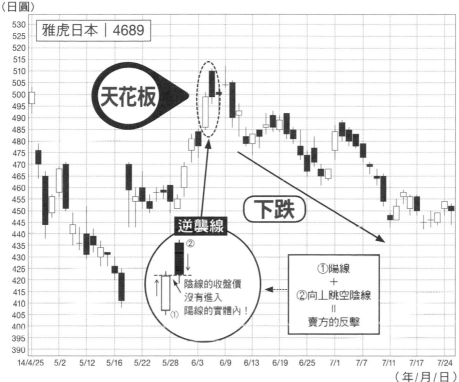

逆襲線的 K 線圖

（日圓）

雅虎日本｜4689

天花板

逆襲線

②

陰線的收盤價
沒有進入
陽線的實體內！

①

下跌

①陽線
＋
②向上跳空陰線
＝
賣方的反擊

14/4/25　5/2　5/12　5/16　5/22　5/28　6/3　6/9　6/13　6/19　6/25　7/1　7/7　7/11　7/17　7/24

（年/月/日）

上圖為雅虎日本的日線圖。在 5 月中旬過後的上漲行情中，6 月 5 日出現「逆襲線」。當天的開盤價是 510 日圓，收盤價 499 日圓。因為前一天的開盤價是 486 日圓、收盤價 499 日圓，所以兩天的收盤價是同價。之後，該股連續出現紙傘線或墓碑線等實體很短的線，交易情況混亂。接著股價變得想漲也漲不了，落入下跌行情。

如果高價圈出現逆襲線，就是賣出訊號！

14

鑷頂：
2 根線顯示了行情的極限

触頂的訊號　頻繁度 ★★★

在高價圈中，有相同最高價的 2 根K線感情很好的靠在一起（見右頁圖），這種狀況稱為「鑷頂」。會取這個綽號，當然是因為形狀長得很像夾小東西時用的「鑷子」。

這種K線組合最理想的形狀是，2 根有著長上影線的K線並排，但若是陽形禿之後接陰形禿的情況也可以算是，或是 2 根大線中間夾著一根小陰線或小陽線也沒有關係。

最重要的是，形狀必須要看起來是 2 根相同最高價（雖然不用嚴格規定一定要同價，但至少接近）的K線並排在一起。要是K線的數字（最高價）不一樣，就起不了鑷子的功能。

鑷頂的兩次最高價日期不可以隔太遠。要不是隔天，最多就是再隔個幾天，如果天數差太遠，就會變成「雙重頂」或「M頭」等別的稱呼。

當某一天的K線出現行情的最高價之後，又有另一天的K線也到達相同價格，這時買賣雙方都會覺得，股價很難再攀升。

雖然第一次的最高價就已經暗示了，在這個價位存在賣出勢力，但是之後股價的上升又停滯在同一個位置，便會讓買進股票的

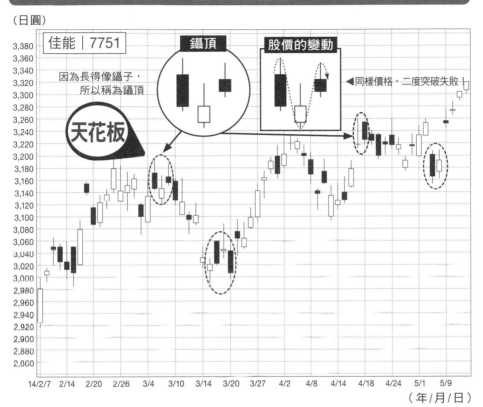

鑷頂的 K 線圖

（日圓）

佳能｜7751

因為長得像鑷子，所以稱為鑷頂

天花板

鑷頂

股價的變動

◀同樣價格，二度突破失敗

上圖為佳能的日線圖。雖然不知道為什麼，但這支股票很容易出現「鑷頂」。僅僅 3 個月內，就在 3 月 5 日和 7 日、4 月 17 日和 18 日出現了「鑷頂」；3 月 17 日和 20 日、5 月 7 日和 8 日出現了「鑷底」。

很容易確認它的天花板和地板價格在哪裡。

高價圈出現最高價相同的 K 線並排，就是賣出訊號！

人，嘗到強烈的失望。至於看著這一連串行情變動的人，則會注意
到這裡有個關卡，因而變得不敢在高價的時候出手。

　　於是，想要在這個價格賣出的人就會增多，上漲走勢也會在這
裡停止。如此一來，這回就變成賣方想要以最高價為目標出動。以
上可說是這股強烈的高價抗拒感發生的背後因素。

　　每當「鑷頂」出現的時候，買方應該要先遵照市場上的鐵則，
思考是否要暫時撤退。

　　相反的，在低價圈裡出現朝下的 2 根最低價相同的K線，稱為
「鑷底」。它的形狀和我上面說明的完全相反，這裡就會變成「觸底
的訊號」。

重點　鑷頂、鑷底：

・在高價圈出現 2 根最高價相同（或接近）的Ｋ線並排
　在一起，稱為「鑷頂」，為觸頂的訊號。

・在低價圈出現 2 根最低價相同的朝下Ｋ線，則是「鑷
　底」，是觸底的訊號。

15

三隻烏鴉：
烏鴉都在叫了，快離開吧

觸頂的訊號　頻繁度 ★★☆

　　一般日本人說到「三隻烏鴉（三羽烏）」，都是用來指「在某個特定領域裡，特別優秀的三人」。例如「年輕大老闆中的三隻烏鴉」、「職棒左投中的三隻烏鴉」等等，不管怎麼聽，都是一個帶有正面形象的詞彙。

　　但是，在 K 線圖的世界，一方面也是因為烏鴉羽毛是黑色的（讓人聯想到陰線），這個詞會給人不吉利的印象。在陽線之後，出現連續 3 根陰線，不斷刷新最低價（見下頁圖），這種 K 線組合就叫做「三隻烏鴉」。

　　這個組合與第 75 頁介紹的「紅三兵」是相反的類型。它們之間的差異並不只是紅線變成了黑線而已。相對於「紅三兵」會出現在上漲行情要開始的局面，「三隻烏鴉」則會出現在下跌行情要開始的時候，確實是很不吉利。它的出現被視為「觸頂的訊號」。

　　大致上來說，因為「紅三兵」是從什麼也沒有的狀況下開始出現行情，所以是以比較平穩的變動出現，容易形成陀螺線也是因為這個原因。但是「三隻烏鴉」因為是一口氣出現對先前所有上漲行情的反彈，所以變化會非常急遽。也就是代表股價很容易在此時崩

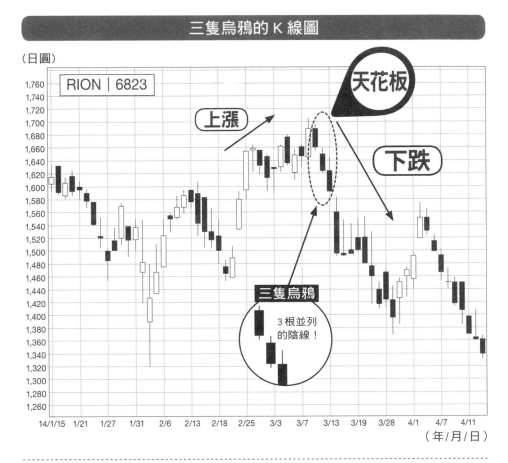

三隻烏鴉的 K 線圖

（日圓）

RION｜6823

天花板

上漲

下跌

三隻烏鴉

3 根並列
的陰線！

14/1/15　1/21　1/27　1/31　2/6　2/13　2/18　2/25　3/3　3/7　3/13　3/19　3/28　4/1　4/7　4/11

（年/月/日）

上圖為 RION 的日線圖。3 月 11 日到 13 日的 3 根陰線形成了「三隻
烏鴉」。這也是從 2 月 4 日最低價 1,320 日圓之後，上漲行情開始反
彈，轉為下跌局面。而且第 3 根還是下跌氣勢很強的「收盤禿」。之
後包含向下跳空的大陰線在內，圖中總共連續出現了 9 根陰線。因此，
發現一開始的 3 根 K 線是很重要的。

如果 3 根陰線不斷刷新低價，就是賣出機會！

盤。如果是在中段維持一陣子小幅度波動後，再向下跳空的話，就沒那麼激烈。但無論如何，這時候投資人的心理都會發生變化，所以必須具備靈敏的反應。

　　三隻烏鴉根據陰線的出現模式而分強弱。連續出現收盤價同最低價的「收盤禿」組合叫做「禿三鴉」；連續出現前一天收盤價等於隔天開盤價的 K 線組合稱為「同值三鴉」，這些都是下跌勢力比較強的代表。

　　只要組合中的 K 線還出現影線，我們就可以推測市場上還有抵抗下跌的勢力存在；但如果都只出現陰形禿，那就代表買方勢力根本沒有抵抗。

　　雖然有時候陰線可能會出現不只 3 根，而是連續出現 4、5 根。但是只要連續出現 3 根陰線時，就應趕快將持有的股票脫手，有時候根據情況，甚至可以考慮做融券賣空。

重點

三隻烏鴉：

・在陽線後，若出現連續 3 根陰線不斷刷新最低價的組合，則是觸頂的訊號。

・連續出現收盤價同最低價的收盤禿組合是「禿髮三鴉」，連續出現前一天收盤價等於隔天開盤價的組合則為「同值三鴉」，都代表下跌勢力強勁。

16

孕育線：
培育新行情走勢的幼苗

転機的訊號　頻繁度 ★ ★ ★

　　這也是一個 2 根K線的組合。當日K線的實體部分，比前一天K線的實體還要短的組合（見右頁圖），稱為「孕育線」。

　　「孕育線」這個綽號其實取得很直接，就是將前一天長實體的K線比喻成媽媽，當日短實體的K線當作是肚裡的小孩。不過，其實還有一個很深的含意，就是暗示媽媽肚子裡的小孩如果平安出生，代表股價也將產生新的行情。

　　如果在長期上漲行情之後，高價圈中先出現一柱擎天的大陽線，隔天卻只出現小陰線，一般就會判斷這是行情將轉跌的訊號。其中，大接著小、陽接著陰的明暗對照非常重要。無論是實體長度一樣，或是陽線後面還是接著陽線的情況，都不能稱為「孕育線」。

　　賣出勢力就像是要否定先前為止的上漲勢力似的突然崛起，它和繼續進攻的買方之間的對抗，就化為股價大幅下跌的陰線出現。可是，買方依然還有殘存勢力，還不想認輸。所以並不會下跌到完全否定前一天的實體。「賣出」和「買進」二股勢力還在互相抗衡，股價變動停留在小幅度的膠著。

　　打破均衡狀態的是小陰線隔天的K線。從這根K線的陰陽將可

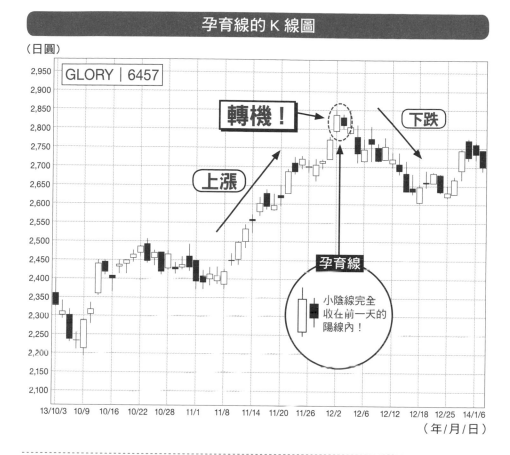

孕育線的 K 線圖

（日圓）

GLORY｜6457

轉機！

下跌

上漲

孕育線

小陰線完全
收在前一天的
陽線內！

13/10/3　10/9　10/16　10/22　10/28　11/1　11/8　11/14　11/20　11/26　12/2　12/6　12/12　12/18　12/25　14/1/6

（年 / 月 / 日）

上圖為 GLORY 的日線圖。從 10 月的最低價 2,194 日圓開始的反漲
過程中，出現 12 月 3 日的「孕育線」。它是收在 2 日的大陽線（開
盤價 2,795 日圓，收盤價 2,838 日圓）實體內的小陰線。隔天 4 日出
現上影陽線，代表買方在抵抗。可是，最後還是無法突破天花板，默
默進行了勢力轉換。

如果上漲行情中出現孕育線，就是賣出機會！

以看出股價的方向。看是買方勢力會衰退、再出現一根陰線，還是買方接下來會反擊。不過，通常「孕育線」出現後，雙方的勢力關係都會逆轉。

　　此外，和在高價圈出現陽轉陰的「孕育線」相反，在下跌行情持續後的低價圈出現的大陰線轉小陽線的組合，就代表著彷彿要否定賣出勢力一樣的買方出現，這將會是「觸底的訊號」。

重　點

孕育線：

・在長期上漲行情後，高價圈出現大陽線，之後卻只出現小陰線的組合。

・行情將轉跌的訊號（必須是大接小、陽轉陰的情況）。確切方向必須看隔天的K線，但孕育線出現後，勢力關係通常都會逆轉。

・在下跌行情持續的低價圈，若出現大陰線轉小陽線的組合，為「觸底的訊號」。

17

孕育十字線：
在高價時一猶豫就會反跌

轉機的訊號　頻繁度　★☆☆

　　實體沒有任何一點價差的 K 線為「同價線」。基本上只要不是交易量太少的股票，它的形狀就不會只有單純的一條橫線，大多時候上下還是會各有影線，於是就會變成十字線。

　　十字線的形成，是因為上漲和下跌的力量正在互相抗衡。因為這種線不帶有走勢、也看不出方向，所以大多數投資人都會對它不知所措，不知道行情「要上還是要下」。

　　不過，勢力的均衡也會帶來行情的轉機。在上下變動越來越小的膠著行情最後，如果出現十字線，那就代表將會有新的上漲（下跌）行情開始；如果十字線出現在上漲（下跌）行情的中盤，就會加速這個走勢。

　　前面已經提到，十字線如果出現在高價圈的向上跳空、低價圈的向下跳空之後，就會變成「捨子線」。同樣道理，如果是在高價圈的大陽線之後，出現能收在大陽線實體內的小十字線（見下頁圖），我們就會稱它為「孕育十字線」。這種 K 線將會是「天花板形成的訊號」。雖然它也是第 96 頁看到的「孕育線」的一種，但是不同之處在於當日的 K 線是「十字線」。

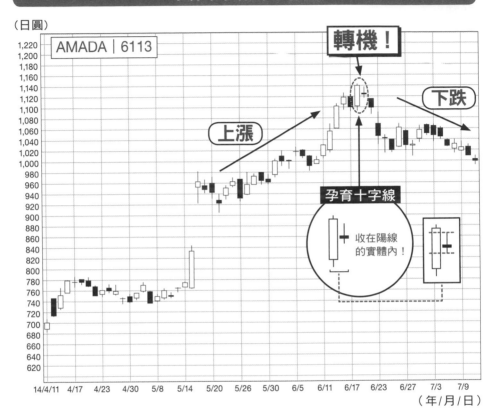

孕育十字線的 K 線圖

上圖為 AMADA 的日線圖。該公司在 5 月份發表了「要將所有賺取的利潤回饋股東」的消息，在之後造就的火熱行情盡頭出現的是由 6 月 18 日的大陽線，和 19 日的十字線（嚴格上來說是開盤價 1,124 日圓、收盤價 1,125 日圓的極小陽線）組合而成的「孕育十字線」。隔天開始出現連續 4 根陰線，天花板確實形成。

如果高價圈出現大陽線接十字線，要特別警戒！

　　有什麼不一樣呢？大陽線顯示出股價的上漲行情進入了佳境。直到前一天為止，既有的買進勢力都依然還保有勢力。然而，到了當天卻有新的賣出勢力崛起。因為這股賣出勢力意外的強，所以買賣雙方的力量在當天一口氣形成抗衡。就是這股緊張關係導致了十字線的出現。

　　十字線一出現，整個行情的走向立刻改變，所以最好先有這種心理準備。如果再加上隔天出現陰線，就更可以確定股價的天花板形成了。

　　即使當天的線不是開盤價和收盤價完全一樣的同價線，而是根實體非常短的極小線，我們也可以做同樣的解釋。另外，如果是在下跌行情後的低價圈出現大陰線接十字線的組合，就會是「觸底的訊號」。

重點　孕育十字線：

・在高價圈的大陽線之後，出現一根能收在陽線實體內的小十字線，是天花板形成的訊號。如果隔天出現陰線，則可確定股價的天花板形成。

・下跌行情後的低價圈出現大陰線接十字線的話，則是觸底的訊號。

18

盡頭線：
被先前陽線的影線玩弄了

轉機的訊號　頻繁度 ★★☆

　　在上漲行情中，雖然連續出現陽線，但是陽線的實體縮小，且收在前一天陽線的上影線範圍內，這種沒能夠突破最高價的K線（見右頁圖），叫做「盡頭線」。

　　如果接在前一天陽線之後的K線是根陰線，投資人還會注意到「上漲走勢不見了」，但因為還繼續出現陽線，所以買方很容易就放心鬆懈。然而，這種組合雖然一直出現陽線，但是因為它並沒有突破前面的高點，所以我們必須將其視為上漲力變得薄弱的證據。就形狀上來說，這就是在前一天陽線的上影線中「被玩弄」的K線。

　　事實上，前一天的陽線會出現上影線，就已經證明了買賣雙方曾經在比收盤價還要高的股價水準上展開過攻防。這已經代表，在這個價格點很容易出現有人要脫手。

　　另一方面，當天的陽線縮得很短，也暗示了行情走勢的上漲力道已經開始趨勢。

　　不管是股價從以前開始，就有個關卡容易出現賣壓；還是早就買好股票的人，覺得時機差不多所以賣出；或是從中盤買進的人買了之後，才發現股價漲不上去所以賣出。這些因素都不太會造成行

盡頭線的 K 線圖

（日圓）

TAKEEI | 2151

盡頭線

雖持續出現陽線，卻只收在前一根陽線的上影線範圍，沒能創新最高價

轉機！

來自高價的壓迫感
＝
影線的影響力

上圖為 TAKEEI 的日線圖。從 3 月 25 日開始的反漲過程中，4 月 2 日出現長上影陽線（收盤價 992 日圓、最高價 1,028 日圓）之後隔一天，K 線圖出現了有著上下影線的陀螺線（最低價 990 日圓、最高價 1,018 日圓），再隔一天也出現了同樣位置的下影陽線，這 2 根 K 線都明確表示漲勢到了盡頭。股價行情從第 3 天的陰線開始反轉。6 月下旬也出現了類似的 K 線。

如果持續出現無法突破最高價的陽線，要特別警戒！

103

情走勢太大的變化，但都會造成買方勢力的衰退，和賣出勢力的崛起。當K線圖出現上影線和小陽線的時候，我們就能夠讀出這種供需上的變化。

因此，盡頭線是一種緩慢的「轉機」預兆。目前的股價行情結束，可以說只是時間的問題。盡頭線出現的隔天如果出現陰線，就必須要特別警戒。因為大多都會變成「觸頂的訊號」。

雖然以上說明的是盡頭線在高價圈中出現的情況，但相反的，在低價圈也會出現下影陰線接小陰線的組合，這裡則是代表下跌行情來到了盡頭。

重點 盡頭線：

· 在上漲行情中，雖然出現多根陽線，但實體縮小，且收在前一日陽線的上影線範圍內，沒能突破高價的組合。

· 表示走勢可能將要轉換。若隔天出現陰線，需特別注意，大多會轉變成觸頂的訊號。

· 在低價圈出現下影陰線接小陰線，表示下跌行情來到盡頭。

第 四 章

判讀 K 線時的必要動作

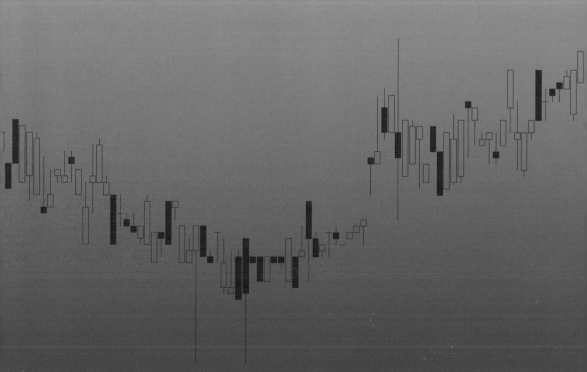

01

抓出趨勢線，看出漲跌走勢

股價有一種類似慣性定律的習性，一旦開始變動，就會「一直持續變動下去」。這個變動會一直持續到從外部被施以某種力為止。這股外力可能來自企業本身發生的變化，像是發行股票的企業業績變好（變壞）等，或是來自市場內部的力量關係轉換，像是買賣急遽增加（減少）等等。只要這種變化不發生，股價就會一直持續同樣的變動。

將股價在一定期間內的變動軌跡標記出來，就能看出它的「趨勢」，也就是指持續往上漲還是往下跌。如果一直不斷往上漲，那就會稱其為「處於上漲趨勢」；如果股價一直往下跌，就會說它「處於下跌趨勢」（見右頁圖）。

而且，這個趨勢，並不是很單純、一成不變的走勢。每波趨勢的過程中都會發生非常多細微的上下波動，所有大的上漲、下跌趨勢，都是在這些細微波動不斷反覆下產生的結果。確認股價的趨勢方向、判斷股價大致上是偏向上漲還是下跌，將是預測的第一步。

此外，股價還有一種變動情形，就是雖然在上下變動，但最後也只是在相同的水準上來來去去，這便是稱為「平移」的變動方式。這種變動在行情走勢上沒有任何意義，也有人說它「不是一種趨勢」（見右頁圖）。

趨勢線的 3 種類型

上漲趨勢　一邊重複漲跌、一邊上漲

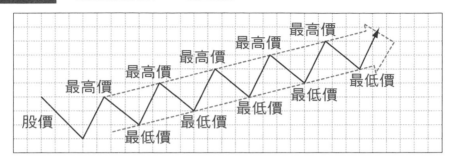

下跌趨勢　一邊重複漲跌、一邊下跌

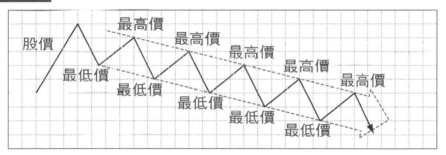

平移　　　一邊重複漲跌、一邊維持平移

※ 股價雖然重複漲跌，但結果只是在同一水準上來來去去。雖然在行情的意義上缺乏變動，但是也經常有「上漲之後平移」或「平移之後下跌」等，出現在大型趨勢表現上的情況。

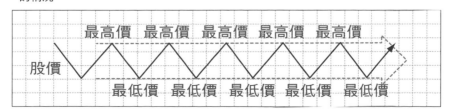

在觀察上漲、下跌趨勢時，很重要的一點就是：如果是上漲趨勢，股價在途中形成的各個「谷」（最低價）會逐漸越來越高；如果是下跌趨勢，股價在途中形成的各個「山」（最高價）則會越來越低，這就是分辨上漲和下跌走勢時最關鍵的差異。

因此，當行情基本上是處於上漲的情況時，將它的第一個低點和第二個低點相連，延伸出來的線就是上漲趨勢線（相反的，如果股價基本上在下跌，第一個高點和第二個高點連起來的延長線，就是下跌趨勢線）。這種趨勢線，將是判斷個股的買進、賣出點時非常方便的指標。

總結 將圖表上各個最低價和最低價相連、最高價和最高價相連，就可拉出趨勢線。

02

有了趨勢線，找出買進、賣出點

　　在 K 線圖上試著拉出趨勢線，就可以發現股票的「買進」或「賣出」點。首先，從上漲趨勢線開始看起吧。

　　股價有時雖然一直維持著上漲的趨勢，但是中途卻會出現暫時性的下滑。通常會發生這種狀況，都是因為有部分先買進的投資人開始賣出，或是股價突然急速上漲使得買方收手等等……大多都是供需關係上暫時性的變化引起的。

　　換句話說，這是上漲行情為了換一口氣而做的調整，股市裡稱為「回檔」。因為這種回檔不會對上漲趨勢造成變化，所以股價只要跌到一定程度就會止跌，之後又會回到上漲趨勢。這時，趨勢線便常會成為行情走勢的止跌點。上漲趨勢線具有輔助股價上漲的功能。想要買進股票的投資人，應該都會以這條線作為買進的時機點。

　　雖然乍看之下，股價好像形成了只要接觸到趨勢線就會止跌的漂亮形狀，但其實也未必如此。有時候可能買家在股價碰到趨勢線之前就進場，也有可能跌破了趨勢線才停止。因此，建議最好還是把趨勢線當成是一個「目標」就好。不過，當行情跌破趨勢線的天數一拉長，趨勢本身就很可能起變化，請大家小心。

　　另一方面，若一直維持下跌趨勢的走勢突然暫時性上揚，且快接近下跌趨勢線，這時就很可能成為「賣出點」（見下頁圖）。

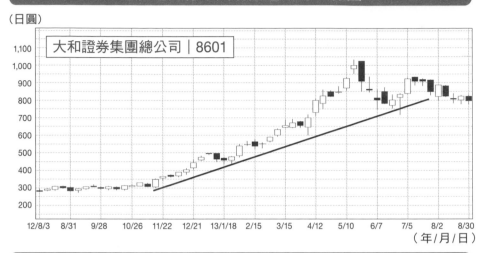

上漲趨勢線中出現買進點的 K 線圖

（日圓）

大和證券集團總公司｜8601

下跌趨勢線中出現賣出點的 K 線圖

（日圓）

日產汽車｜7201

上圖，大和證券集團總公司的股票因安倍經濟學而大翻身。第一波大的回檔發生在 2013 年 5 月，這一波回檔才接觸到趨勢線就立刻止跌。

下圖，觀察日產汽車週線圖的每週收盤價，從 2013 年 5 月後幾乎下跌了一整年。偶爾出現的反彈也頂多回升到趨勢線附近。

　　雖然供需關係發生了一點小變化，但是買方勢力暫時還是很弱，無法摧毀目前的下跌趨勢，只停留在暫時性的上揚。這種無法形成真正上漲行情的上揚稱為「反彈」。這跟上漲趨勢中的暫時性下跌，只會跌到趨勢線就停止的情況一樣。反之，還沒到達趨勢線就反跌，或者暫時性的漲破趨勢線，情況也是如此。

總結　K 線圖上的趨勢線，可以幫助投資人找出股票的買進點與賣出點。暫時性的上漲（下跌）在靠近趨勢線時，往往會停止，這時就是買進（賣出）點。但也可能出現暫時性漲破趨勢線或還沒到達趨勢線就反跌，因此必須靈活應對。

03

移動平均線分 3 種，用途不同

各位在看K線圖時，應該都會注意到一條和K線纏繞在一起、一起變動的曲線，那就是移動平均線。

股價每天的變化都不固定，變動也很難預測。之所以會有移動平均線的發想，就是想要藉由把股價在一定期間內的變動平均化，來感覺出變動的方向。

讓我們以5天移動平均線來做例子。首先，要先把從今天開始的過去五天股價的收盤價加總起來除以五，求出「過去五天的平均股價」。隔天再從新的當日開始回頭算五天，將五天的收盤價加起來除以五，求出新的「過去五天的平均股價」。就像這樣子，每天都求一次新的平均股價，並且將價格記錄在圖表上，就可以畫出移動平均線。

以日線圖來說，日本一般都是採用5天、25天、75天、200天的K線居多。（編按：臺灣則是多採用5天、10天、20天〔月線〕、60天〔季線〕、120天〔半年線〕、240天〔年線〕線）。之所以都會是五的倍數，是因為每週的交易日是從週一到週五共五天，所以以此為基準。日本也經常用週線圖畫移動平均線，就是將每週末的收盤價相加起來計算，常用的區間有13週（一季）、26週（半年）和52週（一年）。

移動平均線的畫法

1 移動平均股價的計算方式（以5天均線為例）

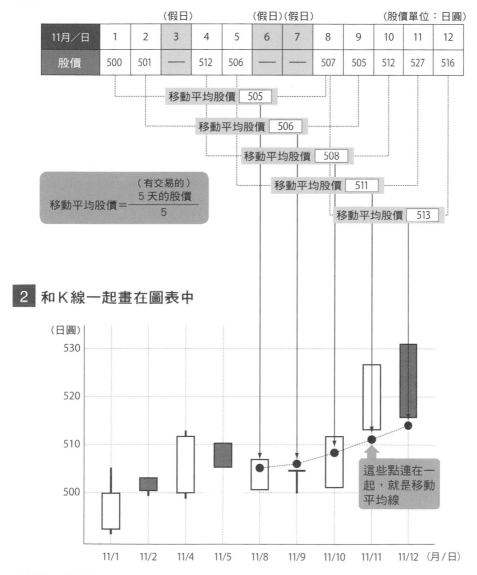

11月／日	1	2	3	4	5	6	7	8	9	10	11	12
			（假日）			（假日）	（假日）					（股價單位：日圓）
股價	500	501	—	512	506	—	—	507	505	512	527	516

移動平均股價 505
移動平均股價 506
移動平均股價 508
移動平均股價 511
移動平均股價 513

$$移動平均股價 = \frac{（有交易的）5 天的股價}{5}$$

2 和 K 線一起畫在圖表中

這些點連在一起，就是移動平均線

11/1　11/2　11/4　11/5　11/8　11/9　11/10　11/11　11/12（月／日）

（編按：臺灣常用的週線為6週、13週〔季線〕、26週〔半年線〕、52週〔年線〕、520週〔10年線〕。）

　　移動平均線依區間的不同，可分為短期線、中期線和長期線。若想知道股價的長期變動就看長期線，想關注短期的變動就看短期線。將2、3條區間不同的短、中、長期平均線畫在一起，從彼此的位置關係和方向，就可判斷出股價從短期到長期的走勢趨勢。

　　如前頁看到的，一般投資人也常合併使用移動平均線和K線，以計算出買進或賣出股票的時機點，或者捕捉行情走勢的轉換時機。

總結　畫出移動平均線，就能知道行情的趨勢。

04

看移動平均線的重點：變動角度

　　移動平均線這類的股價指標，和第四章介紹的趨勢線，在思考邏輯上相類似。

　　在看移動平均線時，要將它視為是用「和股價一起移動的平均值」所畫出來的線為基礎製作而成的。這條線和股價趨勢線的功能相同。

　　移動平均線如果是朝上走，就代表股價處於上漲趨勢中；如果它是向下走，就表示處於下跌趨勢中。移動平均線的走向，決定了股價現在所處的是上漲趨勢還是下跌趨勢。因此，我們必須隨時注意移動平均線的上漲、下跌角度才行。

　　上漲中的移動平均線角度如果變鈍，就證明了行情上漲的走勢變弱了。下跌中的移動平均線角度如果趨緩，那就是下跌速度變慢的訊號。無論哪一種，一般都可視為趨勢轉換的徵兆。

　　短期、中期、長期的移動平均線，會依照行情走勢的方向，來取決它的位置。

　　在上漲趨勢的情況下，圖上的線由上到下會是股價、短期線、中期線、長期線。相反的，在下跌趨勢時，由上到下的順序就會是長期線、中期線、短期線、股價（見下頁圖）。

　　如果股價的上漲（下跌）趨勢很穩定，這個順序在圖上就會很

移動平均線的上漲趨勢和下跌趨勢的 K 線圖

（日圓）

富士通｜6702

13週線

26週線

（年 / 月 / 日）

富士通的股價從 2013 年 10 月開始上漲。在處於下跌行情的 2013 年 7 月至 9 月間，股價一直沒能向上超越 13 週線（①）。直到 11 月，13 週線向上超越了 26 週線，轉換成上漲趨勢型的順序位置（②）。2014 年 1 月出現比較大幅度的股價滑落，在跌破 13 週線後止跌（③）。之後，13 週線也一直支撐著該走勢的低點。

清楚，但如果行情剛好觸頂（底），進入了反彈調整期，這個位置關係就會混亂。

　　因為移動平均線用的是該期間內進行交易的股價平均值，所以同時也是這段期間內買進股票的投資人平均買入的價格，以及賣出的人平均售出的價格。

　　因此，移動平均線將會具有一種習性，就是上漲走勢中出現的暫時性下跌（回檔），將會以移動平均線作為下跌的目標（因為跌到這個價格就容易出現買進，反彈則是相反）。這項習性就和趨勢線一樣。一般人會利用「葛蘭碧八大法則」，從股價和移動平均線的位置看出買賣的時機。這個部分會在第118頁為各位說明。

總　結　**移動平均線的走向決定股價的趨勢。**

上漲趨勢的移動平均線順序（上至下）：
股價、短期線、中期線、長期線。

下跌趨勢的移動平均線順序（上至下）：
長期線、中期線、短期線、股價。

05

用葛蘭碧八大法則掌握買賣時機

　　由美國華爾街的線圖分析師約瑟夫·葛蘭碧（Joseph Granville）開發出來的「葛蘭碧八大法則」。沒有任何一種使用移動平均線的投資技巧比它更準確的了。如同右頁圖，這個法則將「買進」和「賣出」分成了各 4 種訊號。請仔細閱讀接下來對各訊號的意義解說。當中特別需要注意的，是移動平均線的方向。

　　買進訊號①和賣出訊號❶很重要。它們出現在股價突破「趨勢線」的時候，意味著已經出現大型的上漲行情①或下跌行情❶。此時的重點是，移動平均線的方向正在發生變化，將「從下降轉為平移或上升」①或「從上升轉為平移或下降」❶。

　　如果股價一樣是從移動平均線的下方突破上來，但是移動平均線呈現朝下的走勢，那就會是「賣出訊號❷」；股價從移動平均線的上方突破下去，但是移動平均線卻朝上，那就是「買進訊號②」。它們代表著，明明行情的基本趨勢沒什麼變化，但是股價卻反其道而行，就是所謂的「上漲行情的回檔要買進」、「下跌行情的反彈要賣出」。

　　「買進訊號③」和「賣出訊號❸」也是發生在基本趨勢沒有改變的狀態下。因為上漲行情（下跌行情）的走勢很強，導致股價一直碰不到移動平均線的模式。

賣❹

賣❶

賣❷

賣❸

買③

移動平均線

買②

買①

股價

買④

買
進
訊
號

①在原本持續下降的移動平均線轉為平移或上升的情況下，股價如果從平均線的下方突破上來，就是重要的買進訊號。

②當移動平均線保持朝上，股價卻跌破平均線時，出現的只會是暫時性下跌，是買進的訊號。

③雖然股價在移動平均線之上，並且朝著平均線下跌，但是未跌破平均線就再次上漲時，會是上漲趨勢不變的買進訊號。

④如果股價跌破持續下跌的移動平均線，而且還急速下跌、向下跳空，就可以預測到股價即將發生往平均線移動的自律性反漲，是短期性的買進訊號。

賣
出
訊
號

❶在原本持續上漲的移動平均線轉為平移或下降的情況下，股價如果從平均線的上方往下突破，就會是重要的賣出訊號。

❷當股價向上超越下降中的移動平均線並上升時，此時的上漲將為暫時性上漲，是賣出的訊號。

❸雖然股價在移動平均線之下，並且朝著平均線上漲，但是未漲破平均線就再次下跌時，將是下跌趨勢不變的賣出訊號。

❹當股價大幅向上遠離上升中的移動平均線時，將可以預料到股價會發生朝向平均線自律性回檔，是短期性的賣出訊號。

在「買進訊號④」和「賣出訊號❹」上，會看到股價線和移動平均線的分道揚鑣。股價具有往移動平均線收斂的習性，當它發生短期性的急速飆漲（急速暴跌），導致它大大的遠離移動平均線時，就很容易發生針對這一波變動的反彈現象。

總結

運用葛蘭碧八大法則時，要特別注意移動平均線的方向（上升、下降）及與股價的關係。

06

黃金交叉時要買進，
死亡交叉時得賣出

黃金交叉（GC）和死亡交叉（DC），是利用長期、短期的移動平均線找出股價趨勢變化的方法。「交叉」指的就是 2 條移動平均線交叉的情況，不同的交叉方式代表不同的意義。

短期線從長期線的下方穿越上來，稱為黃金交叉。

短期線從長期線的上方跌落下去，稱為死亡交叉。

以上是一般對這 2 種訊號的定義。黃金交叉代表的是「買進的機會」，死亡交叉則是「賣出的機會」。一般來說，如果是日線圖，就會觀察 25 日線和長期 75 日線之間的關係，或者 75 日線到 80 日線和 200 日線之間的關係。如果是週線圖，一般都會觀察 13 週線和 26 週線之間的關係（編按：至於臺灣的情形，一般常用的均線為 5 日線、10 日線〔前兩者為短期〕、20 日線、60 日線〔前兩者為中期〕、120 日線、240 日線〔前兩者為長期〕）。

在下頁圖中，將會為大家介紹一些基本的長期、短期均線的組合，但是依照移動平均線的方向或股價位置等的不同，黃金交叉和死亡交叉搭配起來，會有將近十種不同的模式。

雖然黃金交叉指的就是長期線被短期線超越的情況，但其實長期線向上或向下的走向是相當重要的。如果是出現在長期線走向往

黃金交叉和死亡交叉

黃金交叉	死亡交叉
短期的移動平均線從下方 向上穿越長期的移動平均線	短期的移動平均線從上方 向下穿越長期的移動平均線

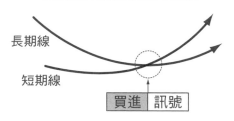

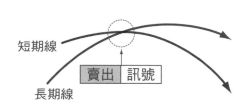

雖然看起來好像和「葛蘭碧八大法則」有關，但其實兩者完全無關，還有人說這是日本人研究出來的方法。只不過，日本的股市相關人員非常喜歡利用黃金交叉和死亡交叉，甚至提倡用更短期的移動平均線，觀察「迷你黃金交叉」、「迷你死亡交叉」的訊號。

各式各樣的黃金交叉

例如：短期線（25日線）➜ 長期線（75日線）➜

好　黃金交叉	不真實　黃金交叉		
長期線朝上或平移 ※最好股價又能高於交叉點	長期線朝下 短期線朝上	長期線朝下 短期線平移	長期線和短 期線都朝下

下的狀態，就算它最後被短期線超越，這樣的黃金交叉表現出來的可信度也很低。至少也應該發生在長期線呈現平移狀態時，否則很有可能股價還未完全轉換成上漲趨勢，就又回歸到下跌趨勢去了。

交叉時的股價位置也最好高於 2 條移動平均線的交叉點（見下頁圖）。一般來說，在上漲趨勢的情況，股價通常都會在順的位置上。因此，黃金交叉嚴格一點的定義會是「當股價位在長期、短期的移動平均線上方，短期移動平均線從正在平移或正在上升中的長期移動平均線下方穿越上來」。至於死亡交叉，就只要想像成是相反的情況就好。總而言之，如果真的遇到可信度不高的黃金交叉，請記得行動時要更小心慎重。

為什麼黃金交叉和死亡交叉會分別代表「買進」和「賣出」的機會呢？

移動平均線一直在追逐著股價，當股價處於上漲趨勢時，線圖由上到下會是股價、短期線、長期線；下跌趨勢時，由上到下則是長期線、短期線、股價。

因此，讓我們思考一下，原本一直處於下跌趨勢的股價觸底，轉換為上漲趨勢時的情況。首先股價會開始上漲，超越短期線、長期線成為最上面的一條線。這時，原本下跌行情時位置僅高於股價的短期線，就會被超越變成最下面的一條。接著，再來就會換成短期線向上超越長期線，確保它原來第二名的位置——這個時候就會形成黃金交叉。

黃金交叉和死亡交叉的 K 線圖

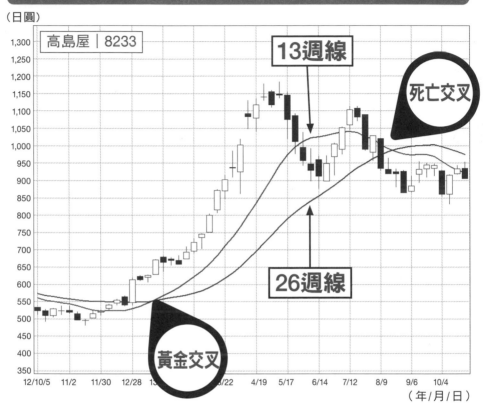

（日圓）

高島屋｜8233

13週線

死亡交叉

26週線

黃金交叉

12/10/5　11/2　11/30　12/28　1/25　2/22　3/22　4/19　5/17　6/14　7/12　8/9　9/6　10/4

（年/月/日）

安倍經濟學帶來的財富效果，使得民眾十分期待高價品的販賣景氣，高島屋的股價從 2012 年秋天開始，半年內翻漲了一倍。從 2012 年 11 月股價開始上漲之後的第 9 週，13 週線向上超越了 26 週線，形成黃金交叉。於 2013 年 5 月到達最高價之後的第 15 週出現了死亡交叉。

第 五 章

51 張圖，功力大補帖

關於練習題

本章開始是練習題。出題方式基本上是以K線的15種訊號為基準，請大家找出股價走勢中的觸頂、觸底、轉換點等訊號。

這些問題都是精心挑選出來的，只要記得這些問題和答案，就能充分運用在實戰中。請各位一邊確認之前書中說明的內容，一邊好好的記在腦海裡。

每一道問題，都會先有一頁題目，後一頁才是解答。大家就算不知道答案，也請不要直接往後看解答。不知道答案的話，請大家先翻回前面第一章到第四章，重新確認原則和規定。這項在腦袋中確認的作業非常重要。也請在解題時多多參考每一題給的提示。

出題基本上是以日線圖為主，也有一些題目會用到週線圖。每一題的股價變動、K線組合都是在現實中曾經出現過的。因為這些圖形都不是刻意製作出來的，所以可能不是很符合K線組合最理想的模式，這部分還請見諒。

雖然有些線圖會讓大家覺得，「現實的股市果然不會和教科書上寫的一樣」，但是各位一定也會很吃驚，怎麼有些線圖會和書上畫的完全吻合。

希望各位不要只做一次，而是能夠一直不斷反覆的解題，期待大家都能夠完全專精線圖分析。待完全專精之後，還請繼續在實戰中發揮自己的本事！

問題 1

下面有 2 根 K 線（陽線、陰線），請分別填入它們 4 個價位的編號，①開盤價，②收盤價，③最高價，④最低價。

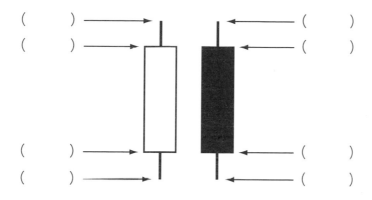

提 示

實體的黑白（陰陽）是源自於比較開盤價和收盤價。

K線聖經

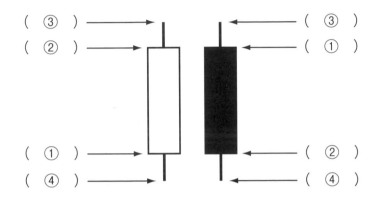

　　陽線的部分從上到下是③②①④，陰線則是③①②④。K線就是從一天、一週等一定期間內的股價中取出①開盤價、②收盤價、③最高價、④最低價等4個價位畫出的圖形。

　　如果②收盤價高於①開盤價，那就表示股價在這段期間上漲，所以實體部分會是白色。如果反過來，就代表股價在這段期間下跌，實體部分就會塗上黑色。使用黑白這樣明顯的對比來區分走勢的強弱，是K線圖的優點。

　　陽線的②收盤價一定會高於①開盤價，陰線的①開盤價一定會高於②收盤價。①開盤價與②收盤價之間的這段時間曾到達過的③最高價如果比①②還要高，就會從K線的實體上方拉出一條稱為「上影線」的細線，如果④最低價比①②還要低，就會從實體下方拉出一條「下影線」。

問題 2 下列5根並排的K線，請從它們的形狀判斷行情走勢的強弱大小。請按照①非常強、②強、③弱、④非常弱、⑤無法判斷的順序填入編號。

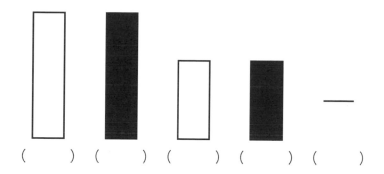

提示

實體的陰陽表示「方向」，長度表示「力道」。

K線聖經

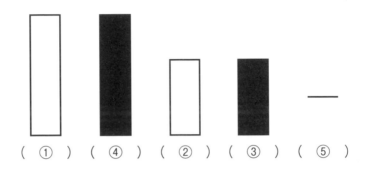

（①）　（④）　（②）　（③）　（⑤）

　　請從實體的（1）顏色、（2）長度分辨走勢的強弱。實體為白色的是陽線，代表它是一根上漲（走強）的K線。相反的，實體為黑色的是陰線，代表它是一根下跌（走弱）的K線。

　　接著再看實體的長短幅度，就可以知道上漲、下跌的力道。如果綜合（1）和（2）的要素來看，就可以區分出來，幅度長的陽線是「非常強的線」，幅度短的陽線是「強的線」。幅度短的陰線是「弱的線」，幅度長的陰線是「非常弱的線」。因此，答案就會是①④②③⑤。

　　最後一根「無法判斷」的線是因為開盤價和收盤價一樣，導致無法分辨出它的陰陽（黑白），也無法知道走勢是往哪個方向，同時也不具有力道，所以可說是不強也不弱的線。

問題
3

試著根據股價的變化畫出 K 線吧。下圖為某支股票一整天的
走勢變動過程，請畫出這支股票的 K 線。

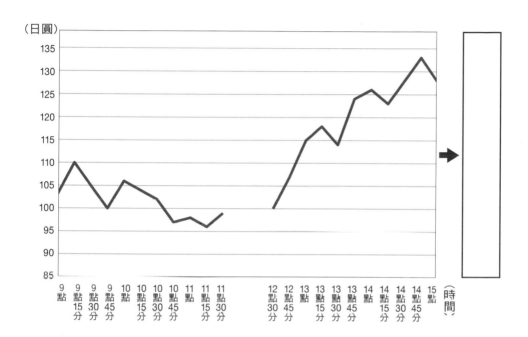

提 示

K 線基本上就是包含①開盤價、②收盤價、③最高價、④
最低價 4 個價位。

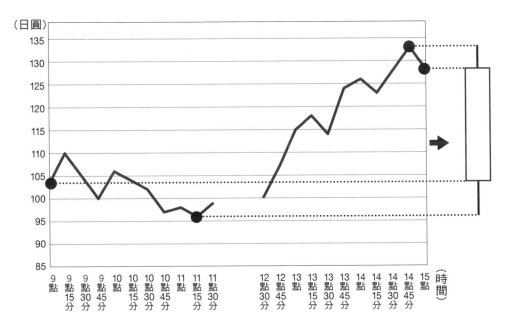

本例中，恐怕是這支股票在午休期間傳出了什麼利多消息，造成後場該個股的評價升高，增加了買進的投資人，進而提升了股價。首先，因為①開盤價和②收盤價相比是①＜②，所以這根K線會是一根陽線，不需要塗黑。只不過，在一整天的變動中，有出現過比①開盤價還要低的價格，以及比②收盤價還要高的價格。

因為前場的股價變動走弱，所以從①開盤價下跌到了④最低價。這個部分將會變成K線的下影線。進入到後場之後，一口氣上漲到③最高價。在交易結束前的這段時間，大概有些是為了賺取短期價差的投機客賣出，所以②收盤價比③最高價的水準稍微下跌了一些。這段比②收盤價還高的部分，就會變成K線的上影線。

本題也請以走勢的變化為基礎畫出 K 線。下圖為某支股票一天的股價變動過程,請畫出這支股票的 K 線。

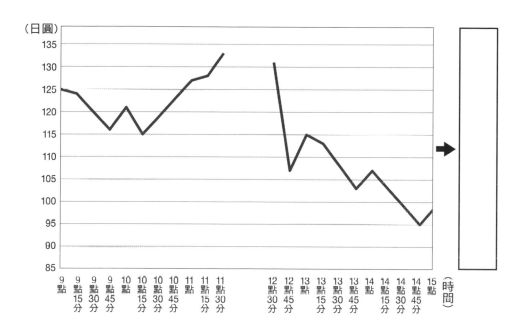

提示

根據①開盤價和②收盤價畫出 K 線的陰陽,從③最高價和
④最低價的位置畫出影線。

133

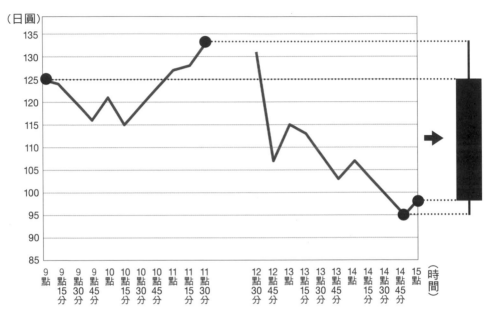

這題似乎和問題3相反，是午休時傳出了壞消息，導致後場的走勢下跌的例子。雖然股價在前場也有走弱的部分，但是在結束上午的交易前，還是辛苦的將變動拉正到從①開盤價漲至③最高價。然後，一進到後場，狀況就發生大轉變，市場上斷斷續續出現投資人賣出，股價一口氣下跌到④最低價，只有②收盤價稍微從④拉回來一點點而已。

從這支個股的股價變化一眼就看得出來，①開盤價和②收盤價的大小比較是①＞②，所以這根K線是陰線。實體的部分必須塗黑。而且，它還是根上、下影線都有的K線。從②收盤價到④最低價之間有條很短的下影線，請不要忘記。

問題 5

下列為5根基本的Ｋ線。請將底下所列的名稱編號，填入下方的括弧中。①「大陽線」、②「小陰線」、③「上影陽線」、④「下影陰線」、⑤「同價線」。

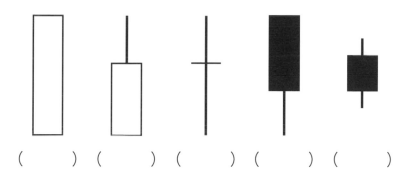

（　　　）　（　　　）　（　　　）　（　　　）　（　　　）

提 示

關鍵字為陰陽、大小、影線、上下。

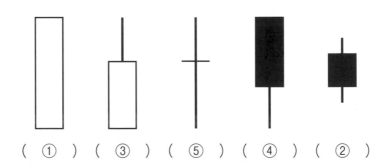

（　①　）（　③　）（　⑤　）（　④　）（　②　）

　　答案由左到右為①③⑤④②。首先，一眼就可以分辨出來K線是陰線或陽線。根據幅度大小可以區分為「大陽線、小陽線」。至於多大的幅度才稱為「大」，多小的幅度才稱為「小」，並沒有嚴格的定義，可說是依照每個人的直覺判斷。

　　接著要注意的是影線的有無和位置。在有影線的情況下，就必須在稱呼時點出影線的位置，稱呼K線為「上影陽線」、「下影陰線」等等。只有一端有影線的K線，會比兩端都有影線的K線更受到注目，會被視為股價的方向或力道變化的徵兆。

　　「同價線」的開盤價和收盤價是相同的。一般也會稱呼它為「十字線」。因為從它身上看不出股價的方向，所以是「無法下任何判斷」的線。

有些K線有綽號。以下列舉的7種K線基本型中，被稱為
①「陽形禿」、②「陽型開盤禿」、③「陰型收盤禿」、④
「陀螺線」的線分別是哪些？

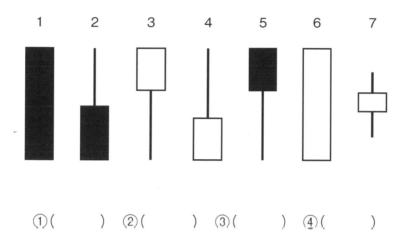

①（　　　） ②（　　　） ③（　　　） ④（　　　）

提　示

「禿」這個字指的是哪一種形狀？

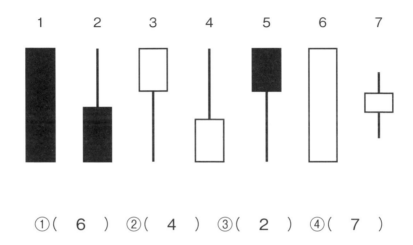

①（ 6 ） ②（ 4 ） ③（ 2 ） ④（ 7 ）

　　沒有影線的K線稱為「禿」，取名緣由是像和尚頭頂光溜溜的。上下都沒有影線的K線就單稱為「禿」，陽線沒有下影線（開盤價即最低價）或陰線沒有上影線（開盤價即最高價）的K線為「開盤禿」；陽線沒有上影線（收盤價即最高價）或陰線沒有下影線（收盤價即最低價）的K線為「收盤禿」。

　　每一種「禿」的稱呼前面還要加上陰陽，走強或走弱必須要靠陰陽來區別。尤其是陽形禿，會被視為具有上漲力道的「非常強的線」，陰形禿會被視為下跌壓力很強的「非常弱的線」。「陀螺線」則被視為力道很弱的「迷失中」的線。本題答案為①：（6），②：（4），③：（2），④：（7）。

接著也是綽號配對題。下面有6根沒有實體（開盤價即收盤價），或實體非常短的K線，請問被稱為「墓碑線」的是哪根K線？

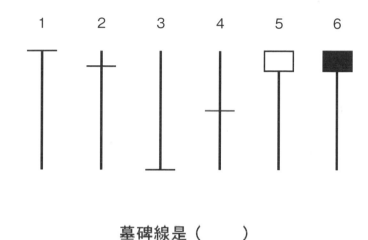

墓碑線是（　　　）

K線聖經

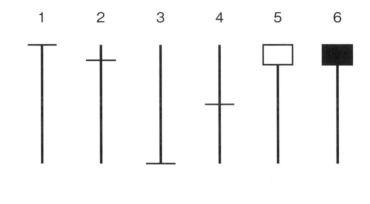

墓碑線是（　3　）

　　正確答案是（3）。這種K線形狀的形成，是因為股價雖然一度被買方炒高，但是賣方的抵抗實在很強，導致最後又被壓回開盤的水準。它代表的意義是，股價再往上的抵抗勢力很強，似乎只能暫時原地震盪。

　　（1）和（2）是「蜻蜓線」，是股市每逢秋冬季節就會經常出現的一種K線，容易出現在行情的轉換點。（4）的「十字線」也很容易是轉換線。（5）和（6）叫做「紙傘線」，不過如果出現在高價圈內，就會變成人見人厭的「吊首線」。這些不是沒實體、就是實體很小的線，代表目前的行情已經失去氣勢，即將面臨轉機。

問題
8

下圖是機器人相關人氣股CYBERDYNE（7779），在最受歡迎的2014年夏季時的日線圖。請指出圖中形成「缺口」的部分，並回答次數。

（日圓）

CYBERDYNE｜7779

4,500
4,400
4,300
4,200
4,100
4,000
3,900
3,800
3,700
3,600
3,500
3,400
3,300
3,200
3,100
3,000
2,900
2,800
2,700
2,600
2,500
2,400
2,300
2,200
2,100
2,000

14/7/16　7/18　　7/23　　7/25　　7/29　　7/31　　8/4　　8/6　　8/8

（年/月/日）

提示

連續的K線間空出的空間，就是「缺口」。

141

　　股票突然人氣暴漲，或是股價原來的走勢加速，缺口特別容易出現在這些行情改變的情況。它經常被視為是行情變化的訊號而受到注目。缺口的看法就是看前後兩日的價格間是否空出空間，向上跳空的缺口就看前日的最高價和隔日的最低價，向下跳空的缺口則看前日的最低價和隔日的最高價。

　　以CYBERDYNE的行情來說，首先在7月18日和下個營業日22日間，和22、23日間連續出現了向上跳空的缺口。這2個缺口等於為接下來的急速上漲開響了第一砲。之後也出現在7月28、29日之間。相反的，8月4日、5日之間出現的向下跳空缺口，則是下跌訊號。正確答案共4次。

問題 9

隨時記得尋找行情的①天花板、②地板、③轉換點，有幾種K線型態能作為它們出現的訊號。請在下方安藤·間公司（1719）的K線圖中找出①～③的訊號。

提示

十字線容易出現在行情的轉換點。

先從①天花板的形成開始看。因為6月27日出現的陰形開盤禿將前日的小陽線包覆起來，所以這個組合是出現在高價圈的「最後懷抱線」，被視為天花板形成的K線組合。該股的上漲行情也是在此告一段落，並轉換為下跌行情。

這段下跌行情的盡頭，暗示了股價②地板的是，7月11日出現的陽形禿。雖然這根陽形禿的實體並不是那麼大，但因為包覆了前一天的小陰線，形成了「懷抱線一柱擎天」。接著，6月5日出現的很接近十字線的極小陽線。雖然這根K線本身並未表示出買賣勢力的關係變化，但可說是暗示勢力關係可能轉為抗衡。至少這根極小陽線確實在暗示，上漲行情出現了告一段落的可能（③轉換點）。

問題 10

接著檢查K線圖中是否出現有綽號的K線型態。下圖為新日鐵住金（5401）2014年5月13日到6月9日的日線圖，請找出墓碑線和蜻蜓線出現的位置。

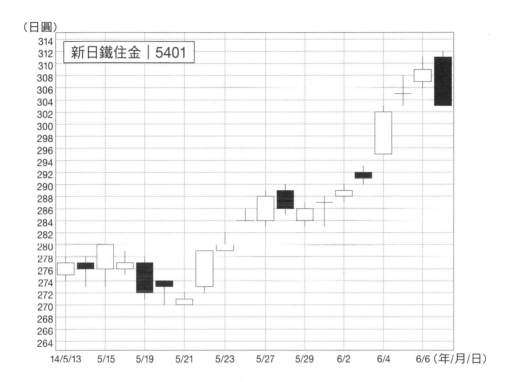

（日圓）

新日鐵住金｜5401

14/5/13　5/15　5/19　5/21　5/23　5/27　5/29　6/2　6/4　6/6（年/月/日）

提示

雖然兩者長得很像十字線，但其實有些不一樣。

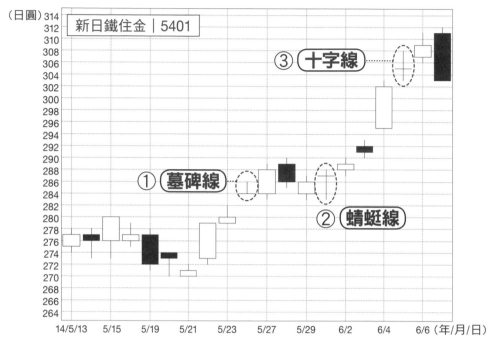

（日圓）

新日鐵住金｜5401

③ 十字線

① 墓碑線

② 蜻蜓線

14/5/13　5/15　5/19　5/21　5/23　5/27　5/29　6/2　6/4　6/6（年/月/日）

　　圈起來的部分①是墓碑線，②是蜻蜓線。兩者出現在脫離低價圈後的中段微幅震盪。雖然都是沒有實體的同價線，但只有上影線、沒有下影線的為墓碑線，代表高價的股價存在抵抗勢力。雖然一度漲到更高的價格，但出現的賣出又讓股價壓回開盤價。

　　此外，同時有上下影線、下影線特別長的K線是蜻蜓線。從下影線長度可看出，這時的買進勢力具有反擊能力。該股一度被賣到較低價，但買方立刻反擊，將股價拉回開盤價附近。一般來說，蜻蜓線被視為轉換訊號，出現在高價圈就要賣，在低價圈就要買。③同價線的上下影線長度很平均，只需將其視為十字線即可。

下圖為松下電器（6752）2014 年 7 月 23 日到 8 月 19 日的
日線圖，圖中有根被稱為「紙傘線」的 K 線，請找出來。

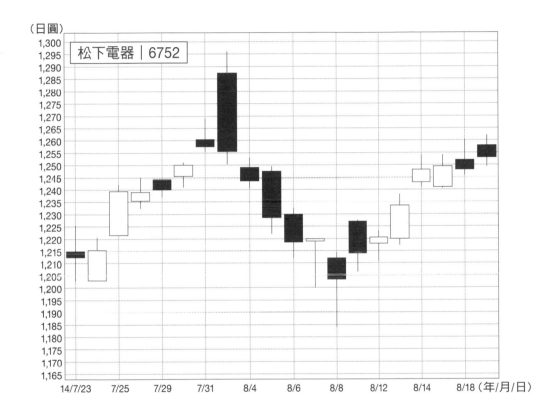

（日圓）

松下電器｜6752

低價圈出現的長下影線 K 線，是觸底的訊號。

提示

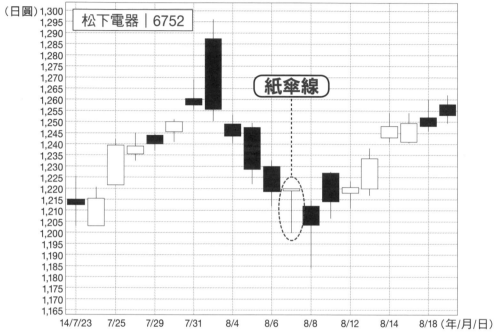

　　正確答案是圈起來的下影陽線。紙傘線就像這樣，實體很短、下影線很長。有一種說法認為「下影線的長度要是實體的3倍以上」，但不必考量得那麼嚴密，只要下影線到「相當長」的程度即可。

　　只不過，因為綽號叫做紙傘，所以不會有上影線。實體是陽線或陰線都無妨，稱呼上會以「陽紙傘」或「陰紙傘」區分。無論是哪一種，都屬於轉換線。重點在於它出現的位置，在高價圈的話是賣出訊號，在低價圈就是買進訊號。在高價圈代表有股很強力的賣出勢力逼得買方陷入絕境，在低價圈就代表下影線已經讓賣方的能量全部出盡，買方將開始反擊。

問題
12

下圖為鐵建建設（1815）2014 年 7 月 14 日到 8 月 25 日的日線圖，請找出①「陽形禿」、②「陽形開盤禿」、③「陽形收盤禿」出現的位置。

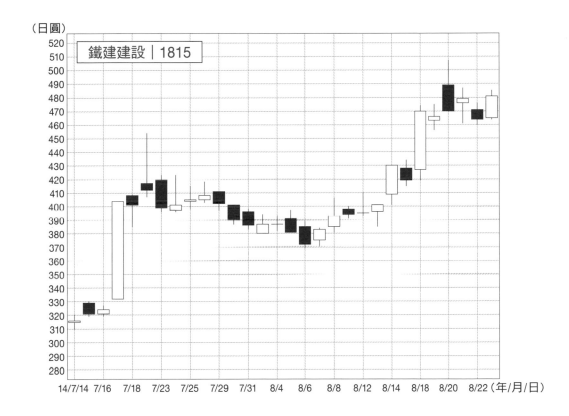

「禿」代表沒有「影線」。

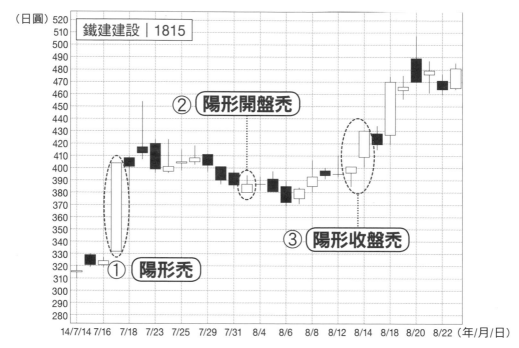

交易總是很活躍的股票會因為買賣雙方的攻防，容易出現有影線（上、下或雙方）的K線。股票交易量不高的股票，則會因為一時的人氣偏向，容易出現「禿」的K線。

　　鐵建建設這支股票，也是因為大家對於他們的品川新車站構想和中央新幹線工程的期待，使得人氣急速竄升，造成K線圖上連續出現好幾根「禿」。即使一樣都是「陽形禿」，K線的實體越長，就會是越強的線。尤其大陽線的陽形禿通常代表行情的戲劇性變化。①出現的「陽形禿」可說是最典型的例子。接著出現的②是「陽形開盤禿」，③是「陽形收盤禿」。

下圖為ZENSHO控股公司（7550）2014年7月31日到9月4日的日線圖，請找出①「陰形禿」、②「陰形開盤禿」、③「陰形收盤禿」出現的位置。

提 示

　　陰形的「開盤禿」是開盤價等於最高價；「收盤禿」是收盤價等於最低價。

一旦股價的負面消息浮上檯面，賣方就站上優勢，K線圖也會出現顯眼的陰線。這家公司員工的工作狀況已成為社會問題，只要媒體一報導，股價就會開始探底。③的K線一開始就先出現向下跳空，之後收盤又收在當日最低價，形成了「收盤禿」。雖然次營業日的②出現類似陰形禿的K線，但仔細看會發現，下方有一根只有1日圓的下影線，並非是很嚴格的陰形禿。因為「開盤價即最高價」，所以這是「開盤禿」。真正的「陰形禿」出現在①，形成「開盤價即最高價，收盤價即最低價」。此外，圖上還有很多實體較小的陰形禿。像這樣連續出現「禿」，就證明了賣方勢力不斷增加。

問題
14

下圖為日本麥當勞控股公司（2702）2014年7月25日到8月21日的日線圖，請找出十字線出現的位置。

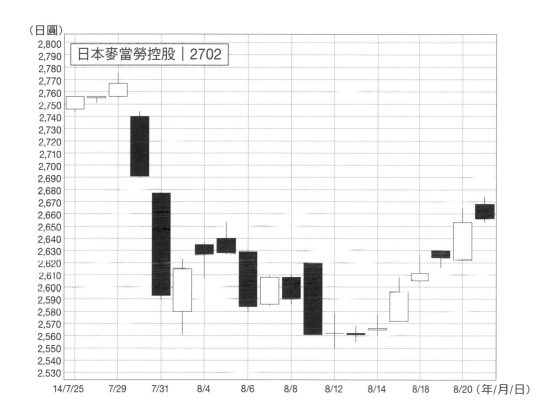

提示

沒有實體、但有上、下影線的K線就是十字線。

解答
14

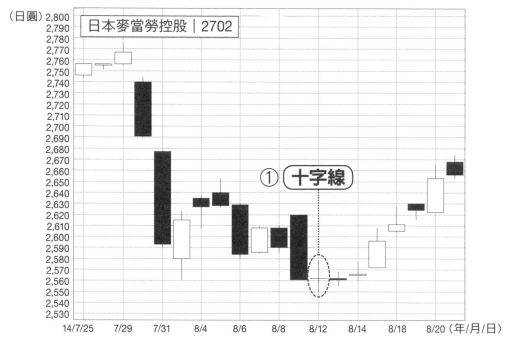

（日圓）
日本麥當勞控股｜2702

十字線①

14/7/25　7/29　7/31　8/4　8/6　8/8　8/12　8/14　8/18　8/20（年/月/日）

　　十字線是開盤價同收盤價，並同時具備上、下影線的K線。代表買賣雙方勢力相互抗衡，很難判斷關係，且經常根據出現的位置而被視為轉換線。若在高價圈是賣出訊號，在低價圈就是買進訊號。

　　上圖的①是一根開盤價和收盤價一樣的十字線。它會讓人感覺，賣出的能量即將告一段落，買進勢力將因為股價跌到這裡而開始崛起，勢力關係即將轉換。這一天的隔日和再隔日，出現了2根實體很小的陀螺線。這2根陀螺線也是轉換的訊號，代表已經進入嘗試拉回的局面。十字線如果能再上來一點，包含在前一天陰形禿的實體內，就會形成「孕育十字線」的明確買進訊號。

問題 15
下圖為Sodick（6143）2014年7月30日到8月27日的日線圖。從圖中可看出，8月中旬過後的上漲行情出現跳空缺口，請預測該股今後的動向。

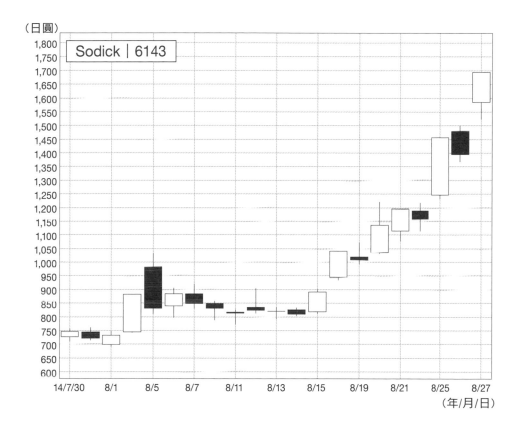

提示

出現了幾次缺口？

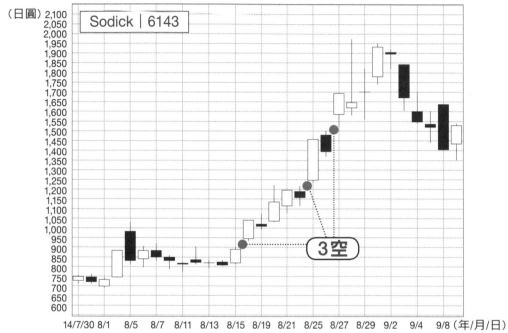

答案是轉跌。「缺口」是指當天的K線和前天的K線間，出現空
白區域（前日最高價＜當日最低價，或前日最低價＞當日最高價）。
一般也常稱為「空」。在上漲行情有「上跳三空準備賣」（下跌走勢
則是「下跳三空準備買」）的格言。

缺口代表上漲或下跌的氣勢很強，若K線圖已開了3個缺口，這
波行情可能已氣力放盡。因此，會視為股價進入天花板的訊號。若
將上圖的期間拉長到9月9日，會看到股價在「三空」後，接連出現
多根上影線長的線或十字線等轉換線。之後下跌也是跌到填補住第3
個缺口就卡住，完全符合格言「下跌會跌到補住缺口為止」。

問題 16

下圖為 JVCKENWOOD（6632）2014年7月7日到8月8日的日線圖。在持續了約一個月的下跌行情後，出現有長下影線的小陽線（槌子線），請問這時候該買還是賣？

提示

這種圖形也稱作「紙傘線」，而且是出現在低價圈。

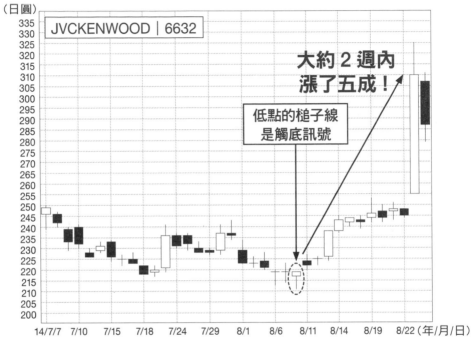

低價圈出現的紙傘線稱為「槌子線」，是一個「觸底、買進」的訊號。在槌子線出現之前，前一天就已經出現過「蜻蜓線」、再前一天出現過「十字線」等典型的轉換線，已經可以判讀出該股的賣方勢力正慢慢衰退。到了槌子線出現當天，雖然該股一度被拋售到更新了最低價格，但是這時在一旁虎視眈眈的買方便開始出動，將股價拉回來收盤。這時的實體基本上無論是陰是陽都沒有關係。本題在此處出現陽線，將會給人更強烈的從「賣出」轉換為「買進」的印象。從這根槌子線的隔天開始，該股就進入創下不到2週上漲將近五成的破紀錄上漲行情。

下圖為日本歌樂旺（Clarion〔6796〕）2014年5月30日到6月26日的日線圖。持續了近一個月的區間震盪行情，突然出現一根捉腰帶線，這時候該買還是賣？

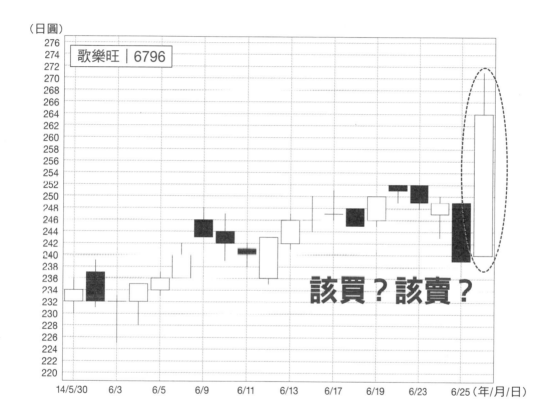

（日圓）

歌樂旺｜6796

該買？該賣？

提示

這根陽形開盤禿為捉腰帶線，請注意它實體的長度。

159

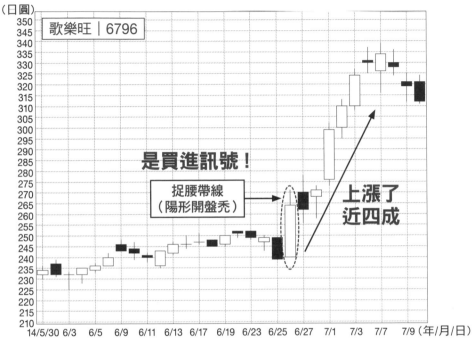

歌樂旺 | 6796

是買進訊號！

捉腰帶線
（陽形開盤禿）

上漲了
近四成

（日圓）

350 345 340 335 330 325 320 315 310 305 300 295 290 285 280 275 270 265 260 255 250 245 240 235 230 225 220 215 210

14/5/30 6/3 6/5 6/9 6/11 6/13 6/17 6/19 6/23 6/25 6/27 7/1 7/3 7/7 7/9（年/月/日）

　　區間震盪如果持續很久，買方也會開始厭煩。沒耐心的投資人便會開始想要賣出手上的股票，賣方也會開始認為「試著賣賣看好了」。在這樣子的氣氛下，就會出現前一天的陰形禿。這時就是處於若再跌下去，就會進入下跌行情的地方。

　　然而，當股價的好消息出現吸引買家進場後，股價就會做出巨大反應。「捉腰帶線（陽形開盤禿）」代表買方一口氣衝了上來，取回了原來的氣勢。這是強力的「買進訊號」。這根陽線的幅度如果越大，就代表氣勢越強。在本題的案例中，該股從6月26日的開盤價到7月7日的收盤價為止，股價總共上漲了39.1％。

問題 **18**

下圖為富士重工業(7270)2014年4月21日到5月21日的日線圖。當下跌行情後出現了下影陽線,請問這時該買還是賣?

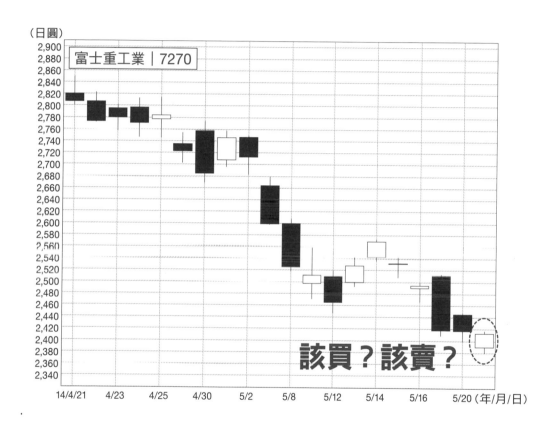

該買?該賣?

提示

請注意勢力關係的微妙變化,以及逆轉的徵兆。

解答
18

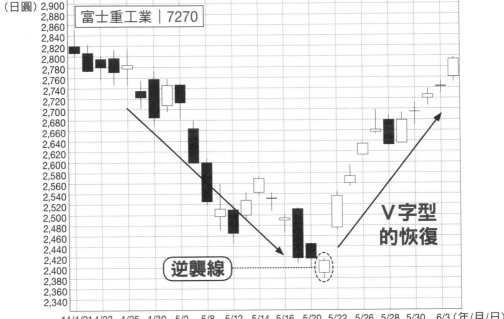

連續2根陰線後開始向下跳空，雖已做好覺悟必須再面對一波下跌行情，但立刻出現的買壓讓股價止跌在前日的收盤價附近，這種K線型態稱為逆襲線。同時它也可以稱為「相遇線」，特徵是它不會進入前一天陰線的實體裡。雖然此時的股價還是在賣方勢力的掌控下，但陽線的出現便能知道買方已經化為反轉攻勢。

雖然這一天還是處在「買進訊號」亮起的階段，但隔天出現的向上跳空就成了「買進、觸底」的決定線。相反的，也有在高價圈的陽線加陰線的逆襲線模式，就會變成賣出的訊號。富士重工業的股價在逆襲線出現後，形成了V字型的復甦。

問題 **19** 下圖為野村控股（8604）2014年4月7日到5月23日的日線圖。請問轉換點上出現的K線類型為①捨子線、②晨星、③最後懷抱線，並請同時回答出現的位置。

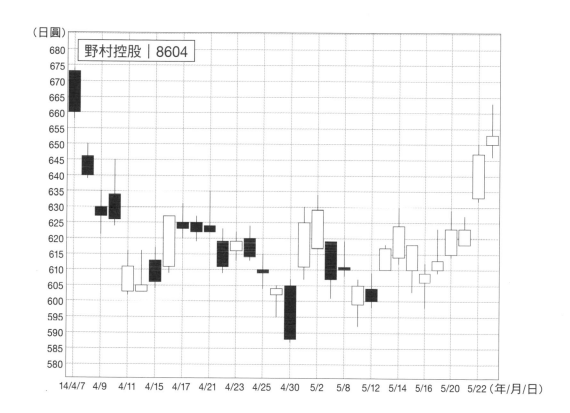

（日圓）

野村控股｜8604

680
675
670
665
660
655
650
645
640
635
630
625
620
615
610
605
600
595
590
585
580

14/4/7　4/9　4/11　4/15　4/17　4/21　4/23　4/25　4/30　5/2　5/8　5/12　5/14　5/16　5/20　5/22（年/月/日）

提示

大陰線也有可能成為觸底訊號。

解答
19

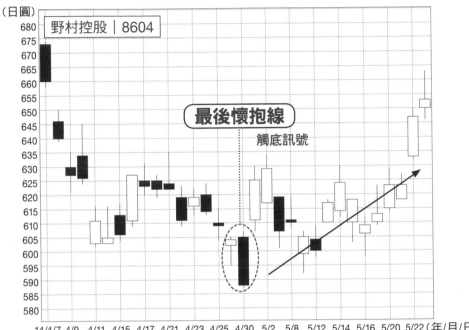

　　「4月28日的陽陀螺線和4月30日的大陰線」形成「最後懷抱線」的觸底訊號。雖然大陰線就像是要抵消，連續兩天出現的長下影陽陀螺線的抵抗力，但是隔天出現了一根陽線，就表示賣方的下跌能量已消耗殆盡。說到大陰線，雖然是下跌行情的象徵，但根據出現的位置，也有可能代表買賣雙方的勢力逆轉，必須注意。

　　隔天若出現向上跳空的陽線，就確定發生逆轉。在天花板圈出現的「陰線＋大陽線」組合，也和大陽線的強勢走強印象相反，是賣出訊號。野村控股的股價在此之後，雖然賣方勢力偶爾還有一些抵抗，但從未打破4月30日的最低價，進入到恢復行情。

問題 20 下圖為ZUKEN ELMIC（4770）2014 年 7 月 7 日到 7 月 28 日的日線圖。雖然圖中出現了大陰線，但這時候應該①買進、②賣出、③暫時觀察？

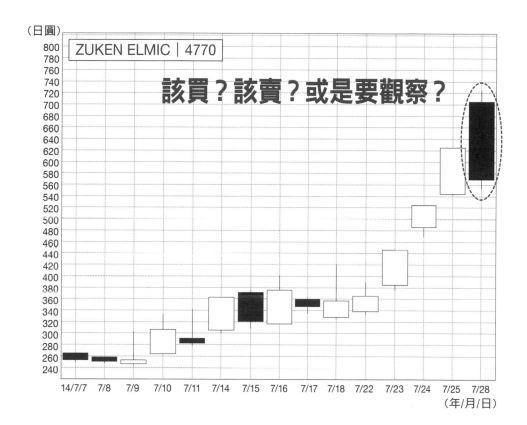

提示

從覆蓋前一天 K 線實體的程度，判讀買賣勢力關係。

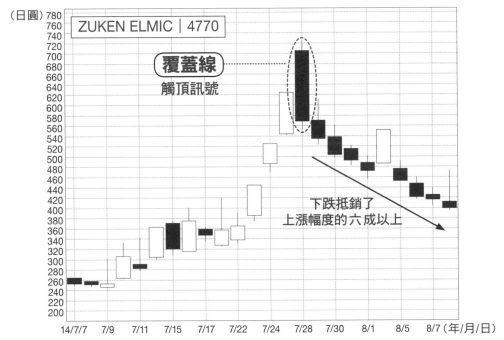

雖然當天開盤是比前一天收盤價還要高的價格開始，但之後轉跌，跌到收在前一天陽線實體內的K線，稱為「覆蓋線」。意思是面對買方的攻勢，賣方開始反擊，對這波急速上漲的行情踩了煞車。這時買方可能用強大的力量回擊突破，也可能反過來被賣方摜倒。

如何看出賣方的抵抗力有多強，就必須要看覆蓋前一天陽線的程度。有一種說法是，若覆蓋超過一半，就是賣出的訊號。至於這一題，7月28日的大陰線侵蝕了前一天陽線將近七成，所以賣方勢力很強。最後，從7月9日的最低價開始到7月28日的最高價為止的上漲幅度，超過六成都被接下來的下跌行情抵消。正確答案是②。

下圖為SPARX Group（8739）2014年6月11日到7月7日的日線圖。7月4日和7日出現了2根奇妙的K線，這2根K線代表什麼？被稱為什麼？

提　示

它們不只會出現在高價圈，也會出現在低價圈。

167

雖然這2根K線因為形狀相似，所以被稱為「鑷頂」，只要行情上漲一段時間後，在高價圈出現2根K線並排在差不多的位置，就是明確的賣出訊號。不一定要像本例一樣價格完全相同，2根K線也不一定要連續兩天出現。之後的K線沒能突破前面K線的最高價，就代表買方勢力正在衰退，早晚都會被賣方的攻勢打倒。

而且，本例中，前一天的實體是陽線，當天的是陰線。2根K線都有長上影線，很明顯可以判讀得出上漲力道在減弱。相反的，在一定期間的下跌行情之後，出現在低價圈中的2根最低價並排的K線稱為「鑷底」，是買進的訊號。

下圖為Adways（2489）2014年4月21日到5月21日的日線圖。持續了約一個月的下跌後出現了大陽線，請問這根大陽線叫做什麼？

提示

大陽線的實體將前三天的Ｋ線都包覆進去了。

解答
22

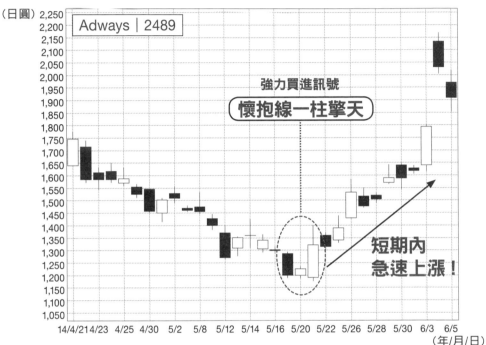

（日圓）

Adways｜2489

強力買進訊號

懷抱線一柱擎天

短期內
急速上漲！

14/4/21 4/23　4/25　4/30　5/2　5/8　5/12 5/14　5/16　5/20　5/22　5/26 5/28　5/30　6/3　6/5

（年/月/日）

　　無論出現的背景是因為有新的利多消息，還是有強力的買方登場，K線圖上出現足以完全包覆前三天K線的大陽線，就應該視為行情已經從下跌逆轉為上漲的訊號。如同前一天出現的小陽線顯示的，賣出勢力本來就已隨著下跌行情慢慢衰弱，買進勢力的崛起也只是時間問題而已。

　　像這樣出現在低價圈、包覆住前一天小陽線（小陰線）的大陽線叫做「懷抱線一柱擎天」，一般視為強力的買進訊號。「一柱擎天」的意思就是行情在短時間內突然急速上漲。事實上，這支股票在此之後，創下了十天內上漲64％的紀錄。

問題
23
下圖為日立金屬（5486）2013年5月第5週到2014年1月第5週的週線圖。上漲行情持續一段長時間後，出現大陽線，請問之後的股價會怎麼發展？①出現大陰線而轉換進下跌行情、②出現缺口向上跳空，上漲加速、③出現十字線，股價平移。

（日圓）

日立金屬｜5486

13/5/31　6/21　7/12　8/2　8/23　9/13　10/4　10/25　11/15　12/6　12/27　14/1/17
（年/月/日）

提示

高價圈中的大陽線要高度警戒。

這一題是問題19的反例。高價圈的大陽線可能成為「最後懷抱線」（在此情況下是觸頂訊號）。這是根大大包覆住前一週小陰線的大陽線。雖然光看這一根陽線，會給人一種股價加速上漲的印象，但實際上，下週將會出現一根幾乎抵銷掉這一週上漲的大陰線，從此進入下跌行情。上漲行情持續後出現的大陽線，其實是因為買方放盡能量而產生的K線。

在本例中，次週的大陰線變成勢力轉換的決定線。重要的是印象不可拘泥在「大陽線是非常走強的K線」。應隨時對照行情的位置判斷。答案是①進入下跌行情。十字線出現在大陰線的隔週。

問題 **24**

下圖為豐田汽車（7203）2014年4月22日到5月22日的日線圖。5月20日到22日這三天出現的陰線＋陀螺線＋陽線的組合代表了什麼意義？綽號是什麼？

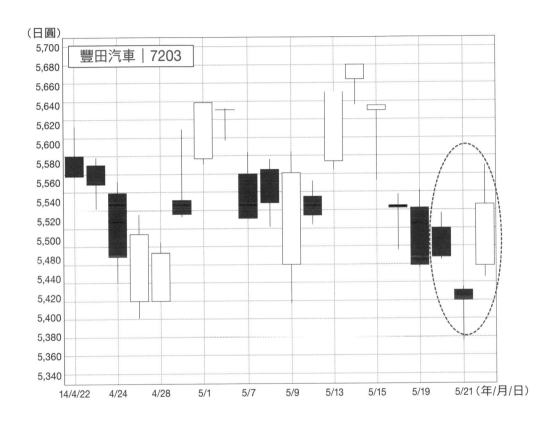

（日圓）

豐田汽車｜7203

14/4/22　4/24　4/28　5/1　5/7　5/9　5/13　5/15　5/19　5/21（年/月/日）

提 示

跳空導致勢力關係變化。

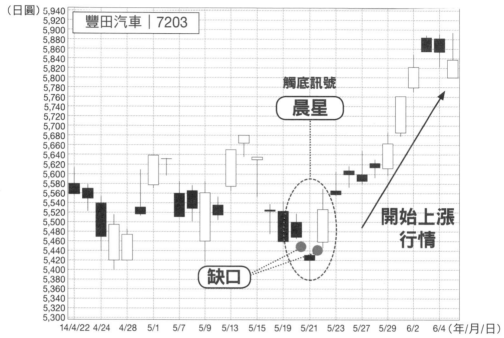

這題是大約一個月的低價往返行情。近一週內的向下壓力增強了，連續出現多根陰線後，5月21日開盤就出現跳空，連暫時性的下跌都讓投資人警戒。可是，最後收盤卻止跌、出現陰陀螺線。隔天又再度跳空形成陽線。低價圈如果出現這種組合，就叫做「晨星」，意思是黑夜結束了，從此將開始新的上漲行情。是買進的訊號。

這題的股價也從22日（收盤價）開始，十天內上漲6.6%。低價圈的陀螺線代表賣方勢力的衰弱，隔天的陽線則代表買方勢力崛起。讓這股勢力變化得更顯著、更印象強烈的則是中間的缺口。雖然陀螺線的陰陽不是重點，但有缺口則是晨星的必要條件。

問題 **25** 下圖為星光PMC（4963）2014年5月2日到5月28日的日線圖。27日和28日出現的由2根K線構成的組合具有什麼意義？綽號是什麼？

（日圓）

星光PMC｜4963

雖然乍看之下很強，但其實⋯⋯。

解答
25

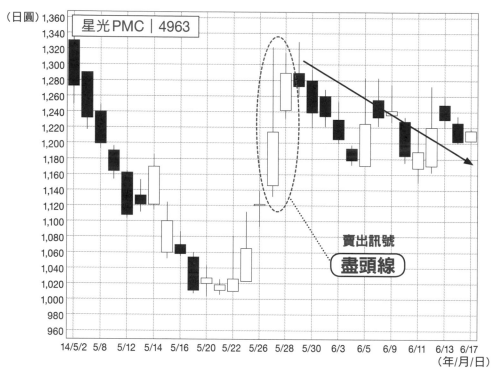

連續出現多根陽線，乍看之下行情似乎走強，但5月28日的陽線卻未超過前一天陽線上影線的範圍。像這樣受限於前一天K線上影線而無法突破高點的稱為「盡頭線」，是賣出的訊號。因為在高價處有個關卡，許多賣家都在等著股價回到該水準，所以突破高價能力並不像外表顯示的強勁。投資人不可過度相信會連續出現陽線。

這題的例子雖然隔天也一度突破最高價，但最後收盤還是反跌出現陰線，這就是賣出的決定線。之後到6月中為止，該股進入短期下跌行情。

下圖為東京個別指導學院（4745）2014年6月10日到7月8日的日線圖。7月7日到8日出現了大陽線和十字線的組合，這時候最糟糕的選擇是①趕快趁機買進、②準備撤退、③暫時觀察狀況？

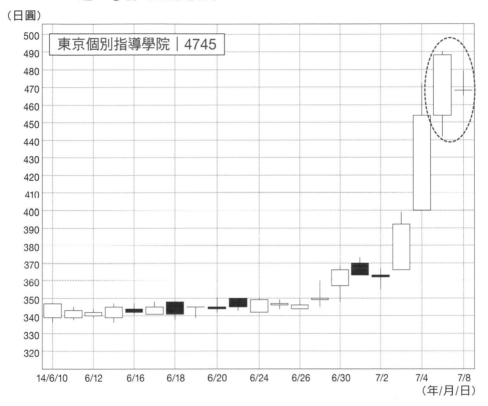

提示

十字線是轉換線，對上漲行情存疑。

解答
26

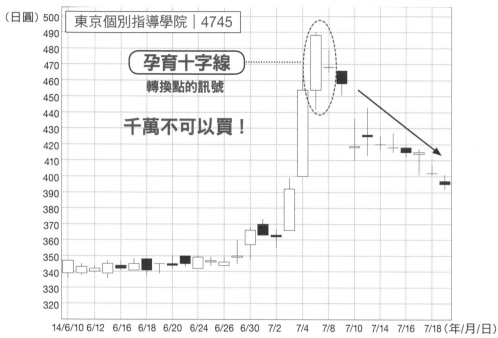

（日圓）500 ┤ 東京個別指導學院│4745
490
480
470   孕育十字線
460   轉換點的訊號
450
440
430   千萬不可以買！
420
410
400
390
380
370
360
350
340
330
320

14/6/10 6/12 6/16 6/18 6/20 6/24 6/26 6/30 7/2   7/4   7/8   7/10 7/14 7/16 7/18（年/月/日）

　　如果十字線包覆在前一天大陽線的實體內，就叫做「孕育十字線」。原本十字線是代表買賣雙方力量抗衡，迷惑、缺乏方向的K線，但是也經常出現在行情的轉換點。如果在股價上漲一段期間後出現，就很容易趁此機會轉換成下跌行情。

　　雖然出現「孕育十字線」的階段較接近警戒訊號，但隔天若出現向下跳空的線或陰線，是賣出的決定線。以上是在高價圈的情況，若是在低價圈出現大陰線包覆十字線，就會是觸底、買進訊號。高價圈的孕育十字線千萬不可以買。本題的股票也是在十字線出現隔天，立刻出現陰線和向下跳空的線。這題最糟的選擇是①。

問題 **27** 下圖為mixi（2121）2014年4月9日到5月13日的日線圖。5月9日到13日出現了3根形狀相似的陽線，這種K線組合代表什麼意思？①位在高價的賣出增加了、②有人開始買進、③無風狀態，股價只是毫無意義的波動著。

提示

隨時準備接收變化的徵兆。

解答
27

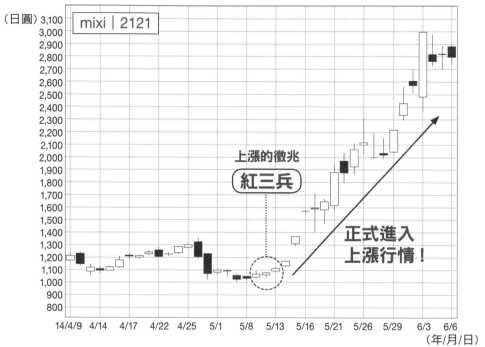

如果維持長期的低迷行情，投資人就會既不想買進也不想賣出，市場的交易量變低。在這種狀況下，以便宜的價格進場買進將是一件大事。一旦開始出現買進的人，股價就會開始緩緩上漲。

低價圈中出現3根並排的短陽線叫做「紅三兵」。「紅」指的是陽線。「兵」是指平行並排。這時會出現認為「差不多該買進」的人，或者也可能開始收購基金之類的投資。這種K線組合會發出這類的買進訊號。本題的個股，在5月9日到13日的紅三兵之後，15日出現了向上跳空，正式進入上漲行情。是否能在最初階段察覺到微小變化，將會成為左右成果的關鍵。正確答案是②。

問題

28

下圖為DISCO（6146）2014年3月17日到4月3日的日線圖。4月3日出現了位在高價的十字線，請問接下來會出現什麼樣的K線？①向上跳空的大陽線、②陽線的懷抱線、③向下跳空的陰線。

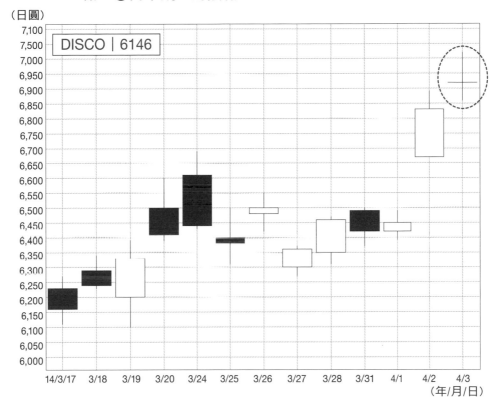

（日圓）

提示

十字線是迷失線，往上往下都有可能。

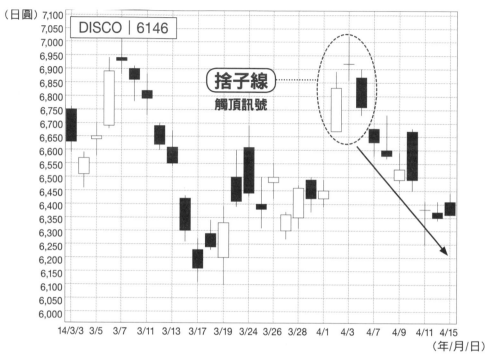

答案是③「向下跳空的陰線」。陽線後跳空出現十字線，再跳空出現陰線的組合，稱為「捨子線」，是觸頂的訊號。原本因為十字線是轉換線，所以按照勢力關係，本來就可能反跌，也可能反過來加速上漲。這題的情況是，因為 3 月初也出現十分類似捨子線的極小線，所以這就是這支股票高價圈的關卡。雖然並沒有完全產生缺口、形成「準捨子線」，但行情還是確定轉換為賣出。之後，這支個股花了 2 個月的時間才突破這個價格。此外，雖然這題的捨子線是出現在高價圈，但是在低價圈內也可能出現陰線、向下跳空十字線、向上跳空陽線的組合。

問題 29 下圖為三菱日聯金融集團（8306）2014 年 8 月 19 日到 9 月 25 日的日線圖。9 月 25 日出現了一根有長下影線的陽線，這根陽線代表的是①買進訊號、②賣出訊號、③轉換線？

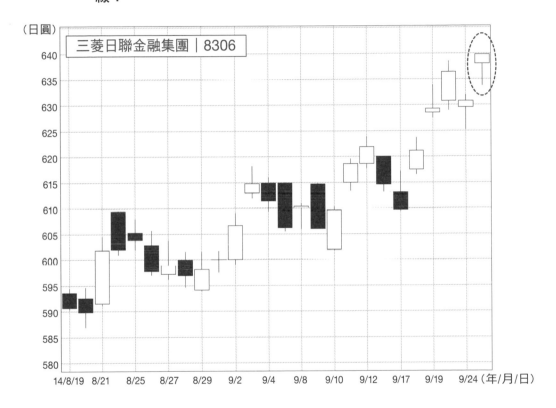

提示

當個股的上漲力很弱時，隔天的 K 線最重要。

解答
29

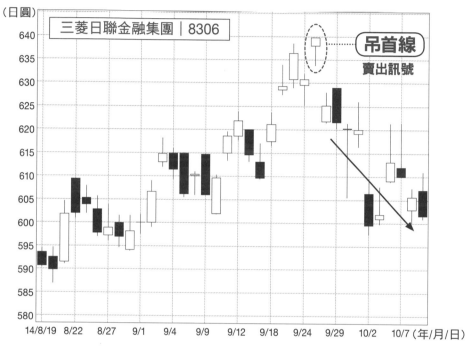

要特別注意高價圈出現長下影線的極小線。雖然高價圈中向上跳空出現的十字線叫做捨子線，但如果這根十字線是紙傘線的話，就叫做「吊首線」。雖然會有這個綽號是因為形狀，但這根下影線很長的極小線，也的確被視為「買在吊首線，小心逼得你想上吊」的難關。基本上是賣出的訊號。

在本例中也是一樣，在向上跳空出現連續4根陽線後，再向上跳空出現的是陽紙傘線。隔天開始便一轉行情，向下跳空形成天花板。雖然有下影線的K線在低價圈裡是走強，但是在高價圈可能代表買進勢力的能量已用盡。這一題的答案是②賣出訊號。

問題 **30** 下圖為安川電機（6506）2013年12月第4週到2014年5月第2週的週線圖，請問(A)圈起來的K線一般稱為什麼？(B)如表中在低價圈向下跳空出現，容易形成什麼組合？

(A) 稱為 [   ]

(B) 容易形成 [   ]

提 示

「吊首線」的相反模式。

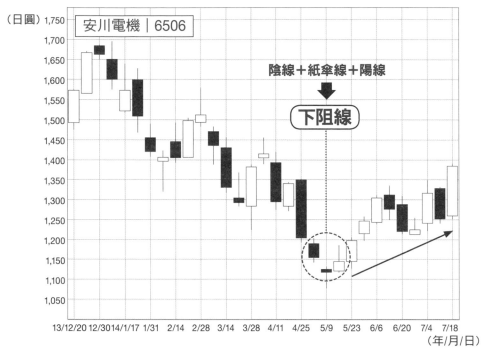

答案是（A）紙傘線，（B）下阻線。高價圈的陽線後向上跳空
出現紙傘線，再出現陰線的話，是稱為「吊首線」的觸頂訊號，但
這題模式相反。下跌一段時間後的低價圈，若陰線後出現向下跳空
的紙傘線，再出現陽線的話，就形成名為「下阻線」的觸底訊號。

就如同這一題的線圖，之後連續出現多根陽線、進入上漲行
情。K線的組合是「陰線＋紙傘線＋陽線」。紙傘線本身就意味著買
賣雙方勢力均衡的轉換線。雖然向下跳空得越深，就代表賣方的勢
力越大，但是它下方的長影線可以視為崛起新的買進勢力。接著出
現的陽線確定買賣勢力轉換。

問題 31

下圖為吳羽（4023）2014 年 8 月 13 日到 9 月 9 日的日線圖。在上漲了將近一個月後，出現了陰線，請問 (A) 下圖圈起來的 K 線組合稱為什麼？(B) 之後會發生什麼事？

(A) 稱為 [　　　　　　　]

(B) 會 [　　　　　　　]

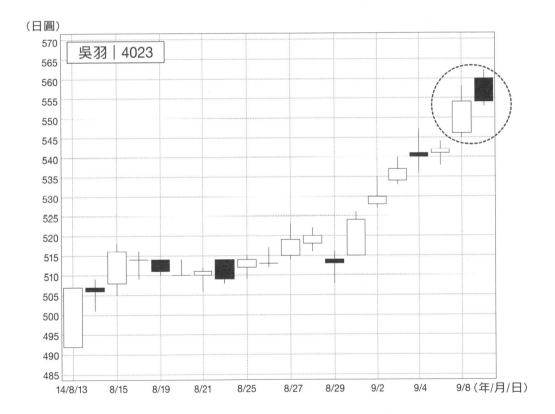

提 示

上漲行情中出現反攻勢力。

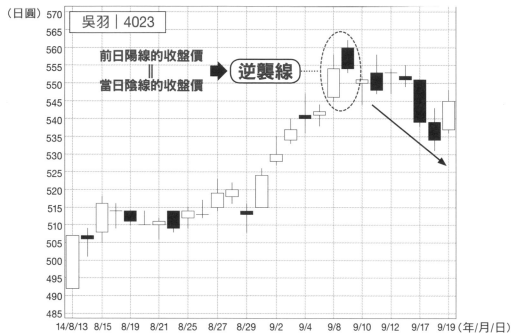

答案是(A) 逆襲線，(B) 轉跌。大陽線如果接著出現陰線，通常代表上漲行情踩煞車。雖然看這根陰線覆蓋多少大陽線的實體，可以分成「待入線」、「切入線」和「插入線」，但本例中，當日的收盤價並未低於前日的收盤價，陰線的實體並沒有吃進陽線任何一點（雖然有下影線……），兩天的收盤價相等。

這種組合稱為「相遇線」，應該就是指「只是碰個頭」。雖然比起「切入線」等吃進陽線實體的線，很容易被視為氣勢弱的陰線，但如果出現在上漲行情後，就可以解讀為反攻勢力明確崛起，並稱為「逆襲線」，這將是個觸頂的訊號，這支股票也進入反跌行情。

問題 **32** 下圖為村田製作所（6981）2014 年 9 月 2 日到 30 日的日線圖。圖中圈起來的 K 線組合有什麼綽號？①鑷頂、②晨星、③夜星，請從中選出答案。

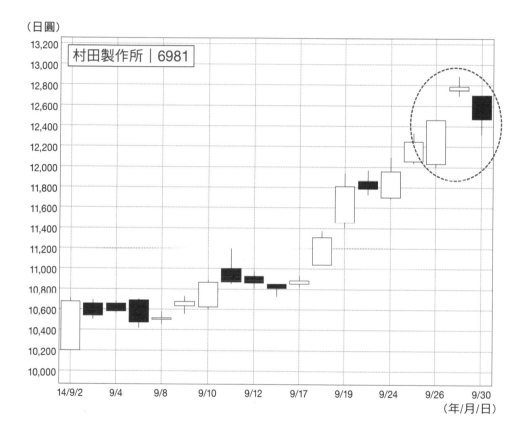

提示

> 如果在低價圈叫「晨」，在高價圈就叫……。

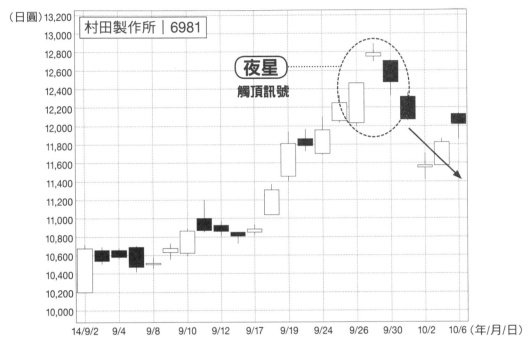

答案是③夜星。「晨星」已經在先前出題了。3根K線的組合中，低價圈的陰線、陀螺線、陽線是「晨星」，代表行情的黎明（觸底）；高價圈的陽線、陀螺線、陰線是「夜星」，代表行情的黃昏（觸頂）。雖然在高價圈，印象好像是「黎明」，但其實不是。順帶一提，若中間的不是陀螺線而是紙傘線，就成了吊首線或下阻線；若是十字線，就成了捨子線。無論哪一種，中間的缺口都是必要條件。

這個組合是指，雖然跳空缺口開的越大，代表走勢越強，但此時新的賣方崛起，逆轉勢力關係。本題的個股呈現了近一個月的上漲行情後，出現了「夜星」。接著股價就急速下跌。

問題 **33** 下圖為日立Capital（8586）2013年5月第1週到6月第4週的週線圖。在連續5週的陰線之後出現了陽線，請問這2根K線的組合叫做什麼？①錯過線、②鑷底、③逆襲線。

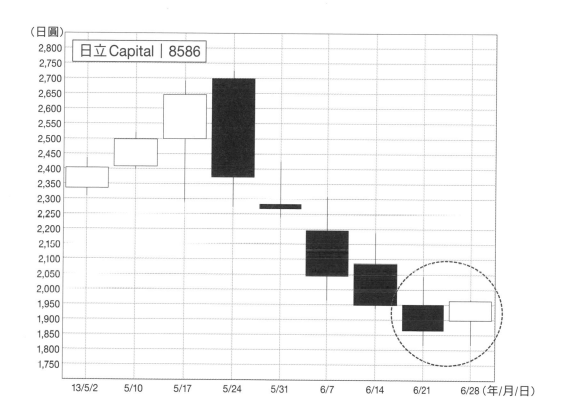

提 示

　2根最低價幾乎一樣的K線並排在一起的話……。

解答
33

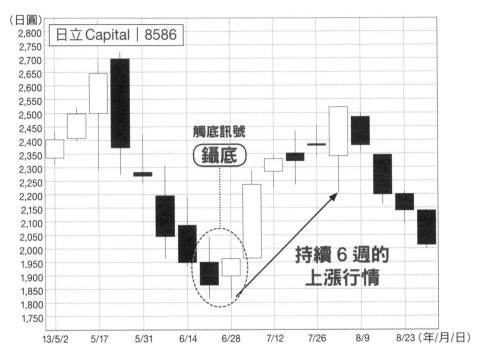

答案是②鑷底。最低價只有1日圓之差的2根K線並排，若出現在經過一段時間的下跌行情後，就是觸底訊號。如同本題線圖，包含當日出現的陽線，形成連續6週的上漲行情。實體的部分也是，因為連續5根陰線後出現的陽線，導致勢力關係轉換。這題鑷底的實體由陰轉陽，勢力關係明顯變化，但若是陰轉陰也無妨。在此情況下，第2根的最低價確認下跌無效。從它止跌在前一週最低價相近的位置，就可以判讀出賣方勢力的衰弱。和高價圈出現的觸頂訊號「鑷頂」一樣，「鑷底」也是形狀容易理解、可信度高的訊號。

下圖為中電工（1941）2013年9月第4週到2014年1月第3週的週線圖。高價圈出現了3根陰線，請問這3根陰線的組合叫做什麼？①黑三兵、②三藏法師、③三隻烏鴉。

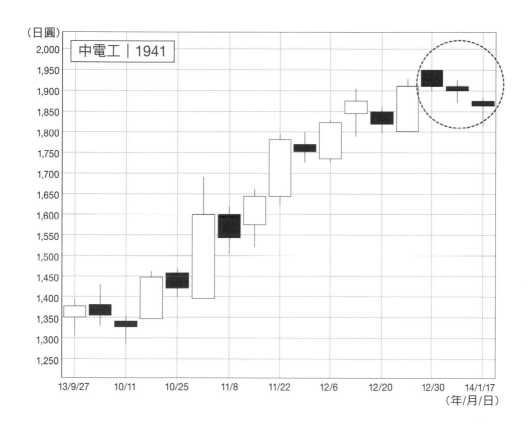

提 示

烏鴉暗示不吉利的下跌。

解答
34

答案是③三隻烏鴉。高價圈3根陰線並行的K線為三隻烏鴉。雖然上漲行情末尾出現3根陰線會給人不太舒服的感覺，但即使是本題的例子，一開始的3根陰線都非常短。之後，隨著意識到行情動向轉換，使得陰線幅度擴大，才正式出現下跌行情的崩盤地獄。事實上，該股形成了5個月的下跌行情。但一開始只有一點變化。可見注意這種「不舒服的感覺」多麼重要。

此外，紅三兵是低價圈中3根並列的短幅陽線，出現在上漲行情的初期。而在本題中，還要注意最初的陰線和前一週的陽線。由陽轉陰的2根並排、實體收盤價相同，這種組合稱為逆襲線。

問題 **35** 下圖為KITO（6409）2013年4月第1週到11月第1週的週線圖。圖中出現了孕育線，請指出哪個位置是行情重要的分歧點。

提示

孕育了新行情的K線，稱為孕育線。

解答
35

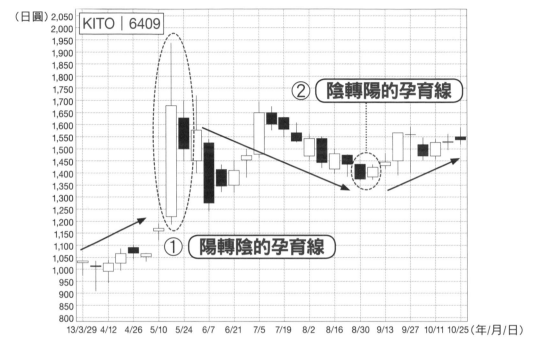

孕育線無論是陽轉陰或陰轉陽都可以，但一定要是當天（週）的實體比前一天（週）的實體小，形狀像是媽媽懷了小孩一樣。這時會視為上漲或下跌的勢力變弱，即將出現反向新行情的徵兆。

以這題的例子，維持到5月第3週大陽線為止的大幅上漲行情，之後出現了陰線，這樣便形成了陽轉陰的孕育線（①）。上漲行情在此迎接轉換點。之後經歷大約3個月的下跌行情，8月第4週的陰線隔週出現了極小陽線，形成了陰轉陽的孕育線（②）。下跌行情在此畫下休止符，股價開始逐步攀高、走向上漲行情。這段期間內行情走勢轉換的點都出現「孕育線」。

下圖為AIPHONE（6718）2014年5月22日到6月13日的日線圖。6月12日和13日的K線間出現了缺口，請預測之後會如何發展？

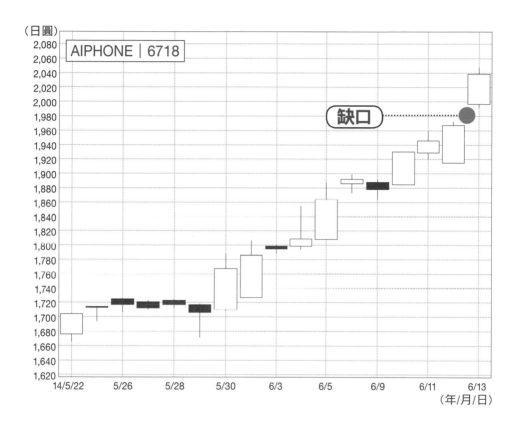

提示

弱勢行情回填缺口的壓力變強。

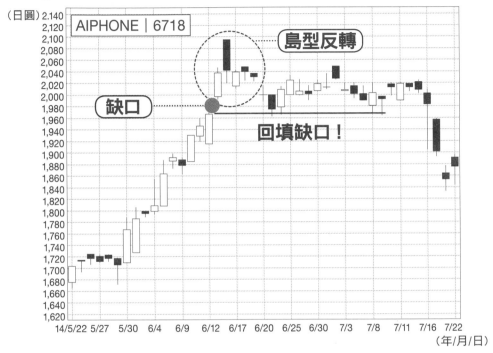

　　隔天出現逆襲線，之後出現向下跳空的十字線，再隔天就填補了缺口。如此一來，形勢的變化就很明顯。雖然股價曾經做了一些抵抗，但是從7月下旬開始，便進入下跌行情。

　　另外還有一個地方必須注意，那就是6月13日到19日的5根K線。如果將這5根K線看作一個區塊，可以視為高價圈中的觸頂訊號「捨子線」，或者可以看作是「夜星」的變形吧。也有人稱這一區塊的K線為「島型反轉」（Island reversal）。請將它記起來，當成K線訊號的應用實例。

問題 37　下圖為三井物產（8031）2012 年 10 月到 2014 年 7 月的週線圖。請找出 13 週移動平均線和 26 週移動平均線的黃金交叉及死亡交叉，並用圓圈圈出來。

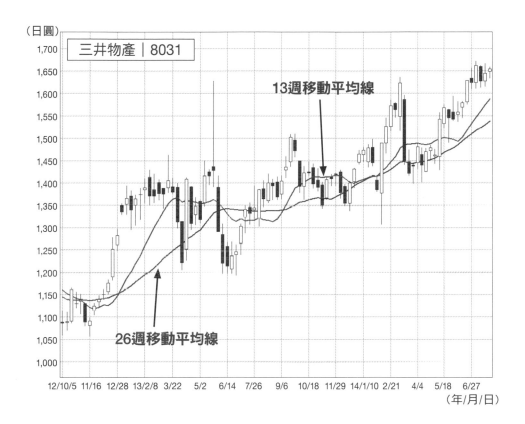

提示

交叉就是指移動平均線的相交處。

　　黃金交叉（GC）是「短期移動平均線由下往上穿過平移，或上升中的長期移動平均線」，是轉為上漲的確定指標。死亡交叉（DC）是「短期移動平均線由上往下穿過平移，或下降中的長期移動平均線」，是轉為下跌的確定指標。代表股價轉向上或向下的走勢增強。

　　在本題中，2012年12月最後的GC（①）確定進入上漲行情，但2013年5月第4週的DC（②）進入下跌行情，同年9月第2週的GC（③）則讓股價又進入上漲行情。答案就是這3個。之後，在2014年的1月和6月，長、短期的移動平均線再次接近，但未「交叉」而又再度分離，可見該股的長期（上升）趨勢很強。

問題
38

下圖為三井住友金融集團（8316）2014年1月22日到9月26日的日線圖，和25日、75日的移動平均線。請在正確的GC和DC上打圈，假的GC和DC上打叉。

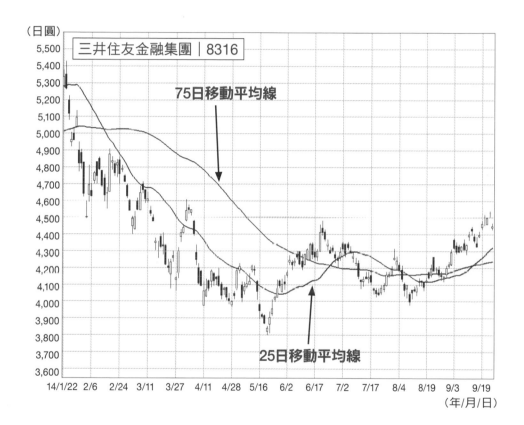

（日圓）

三井住友金融集團｜8316

75日移動平均線

25日移動平均線

14/1/22 2/6 2/24 3/11 3/27 4/11 4/28 5/16 6/2 6/17 7/2 7/17 8/4 8/19 9/3 9/19

（年/月/日）

提示

要注意長期移動平均線的走向。

K線聖經

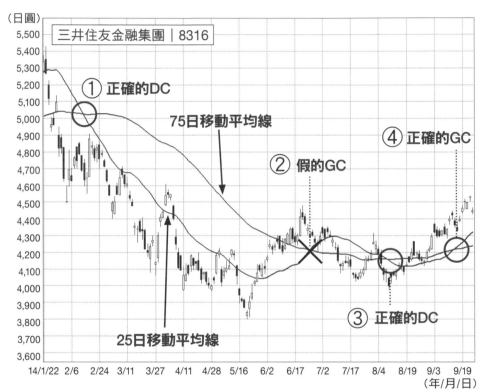

雖然圖表上25日移動平均線和75日移動平均線「交叉」過4次，但能視為正確的GC、DC的就只有①、③、④而已。GC的長期線必須遵守「平移或上升」的原則（DC則是「平移或下降」）。②卻是短期線向上穿越了下降中的長期線，所以不是正確的GC。

換句話說，最重要的是長期平均線的方向是朝上或是朝下，必須隨時檢查這一點才行。在②的例子中，之後沒過幾天就再度出現DC。

問題 **39** 下圖為富士通（6702）2013年5月第2週到2014年3月第2週的週線圖。雖然正緩慢下跌，但這時最聰明的投資策略是①賣出、②買進、③靜觀其變？

（日圓）

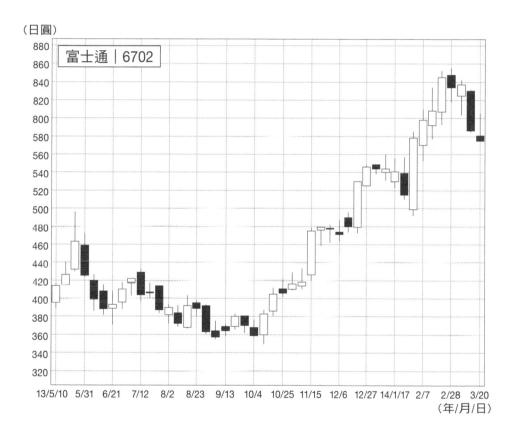

富士通｜6702

880
860
840
820
800
580
560
540
520
500
480
460
440
420
400
380
360
340
320

13/5/10　5/31　6/21　7/12　8/2　8/23　9/13　10/4　10/25　11/15　12/6　12/27　14/1/17　2/7　2/28　3/20
（年/月/日）

提　示

上漲趨勢線在底下支撐著股價。

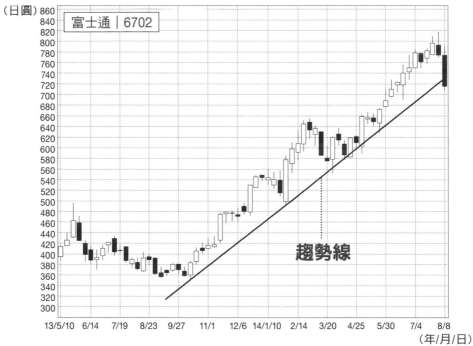

若要預測股價變動，提升買進、賣出的精準度，利用趨勢線是不錯的選擇。以第一次的最低價為基準點，與下一次的最低價相連，並拉出延長線，若是一條向右上方攀升的線，就是上漲趨勢線。

形成上漲趨勢的股價也不會一直持續上升，中途也會出現暫時的下跌。這個時候成為下跌目標的就是這條趨勢線。本題的股價也是在3月第4週接觸趨勢線之後反漲，並且一路上漲到7月。「股價接近或接觸到趨勢線就買買看」的戰術是成立的。正確答案是②「買進」的機會。相反的，如果是下跌趨勢線，這個點很容易成為股價上漲的上限，是「賣出」的機會。

下圖為旭硝子（5201）2014年4月11日到8月4日的日線圖。8月4日的股價在要跌破7月15日的最低價前踩了煞車，請問之後股價會如何發展？並請在圖中畫出趨勢線。

（日圓）

提 示

趨勢線有的時候也無法成為股價的支柱。

（日圓）

旭硝子｜5201

趨勢線轉換點

趨勢線

14/4/11 4/22 5/2 5/16 5/26 6/4 6/13 6/24 7/3 7/14 7/24 8/4 8/13 8/22 9/2 9/11
（年/月/日）

　　8月4日的最低價580日圓是非常重要的價格。雖然看起來好像不會刷新7月14日的最低價578日圓，會先暫時止跌在這個位置，但若再回溯到5月12日的最低價，拉一條趨勢線，就會發現這天的最低價其實已經跌破了下跌趨勢線。代表行情已經轉為下跌趨勢。

　　隔天8月5日到8月8日的最低價便跌到更低的551.1日圓。雖然上漲趨勢線通常會成為股價的低點支撐線，但如果行情沒有在這裡止跌，等待買進的投資人也會動搖，容易導致下跌到新低點。相反的，如果股價在下跌行情中向上穿破下跌趨勢線，就代表趨勢出現轉換。

問題
41

下圖為大金工業（6367）2012年10月第4週到2014年3月第3週的週線圖。圖中出現了很短、但接近收盤禿的上影陰線，請問之後會怎麼發展？①止跌反漲、②正式出現下跌、③暫時原地上下波動。

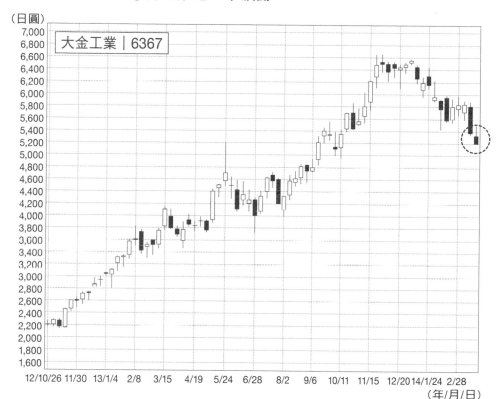

提示

股價會記得以前的價位。

解答
41

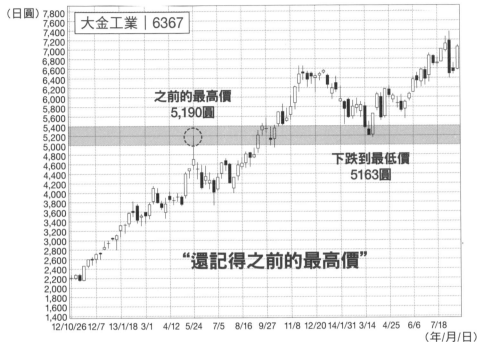

（日圓）7,800
7,600
7,400
7,200
7,000
6,800
6,600
6,400
6,200
6,000
5,800
5,600
5,400
5,200
5,000
4,800
4,600
4,400
4,200
4,000
3,800
3,600
3,400
3,200
3,000
2,800
2,600
2,400
2,200
2,000
1,800
1,600
1,400

大金工業│6367

之前的最高價
5,190圓

下跌到最低價
5163圓

"還記得之前的最高價"

12/10/26 12/7 13/1/18 3/1 4/12 5/24 7/5 8/16 9/27 11/8 12/20 14/1/31 3/14 4/25 6/6 7/18
（年/月/日）

答案是①。隔週3月第4週出現最低價5,163日圓、最高價5,657日圓的大陽線。再轉為上漲行情。2013年5月第4週出現的最高股價是5,190日圓，因為股價再跌回這個高點，所以投資人覺得這支股票變便宜，開始想要買進。雖然這只能說是股價的奇妙「習性」，但有時還是會發生「之前的最高價變成之後的最低價」的現象。

另一種說法是：「投資人還記得以前股價的最高價，將促成買賣行動的變化。」4個月後才突破2013年5月最高價，從2013年9月的股價來看也是，它曾經在5,000日圓到5,500日圓之間稍微上下波動，應該對投資人的心理造成了某種影響。

問題 42

下圖為THK（6481）2012年11月第1週到2014年5月第4週的週線圖。連續出現多根長下影線的K線，請問這代表什麼意思？①股價想要往下跌、②很多投資人想賣出、③很多投資人想在回檔時買進。

提示

先前的最低價容易成為目標買進點。

解答
42

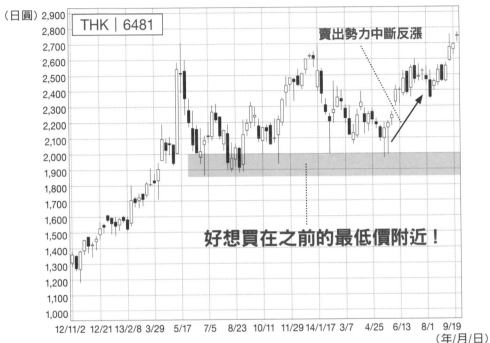

（日圓）2,900

THK｜6481

賣出勢力中斷反漲

好想買在之前的最低價附近！

12/11/2　12/21　13/2/8　3/29　5/17　7/5　8/23　10/11　11/29　14/1/17　3/7　4/25　6/13　8/1　9/19
（年/月/日）

　　本例類似問題41。下影線長度可視為賣方和買方攻防的證據。但股價到2013年11月為止，出現過好幾次跌破2,000日圓的情況，所以買方會將這個價格視為買進的關卡。因此，當股價低於這個價位時可買，高於這個價位就不可買。雖然呈現「之前的最低價是之後跌價的目標」，但賣方也不可能整天都在賣，總有一天會在某個價位終止。如此一來，買方不得不在高價時出手。

　　於是股價在2014年5月第4週出現向上跳空，在同年9月出現超越前年5月新高（2014年5月第3、第4週的兩根蜻蜓線是鑼底）。雖然②和③都很接近答案，但最後股價上漲、買方勝出，答案是③。

問題 **43** 下圖為日立國際電氣（6756）2012 年 10 月第 1 週到 2014 年 7 月第 4 週的週線圖，和 13 週移動平均線。請找出第 118 頁「葛蘭碧八大法則」的重要訊號中「買進①」和「賣出❶」在哪裡。

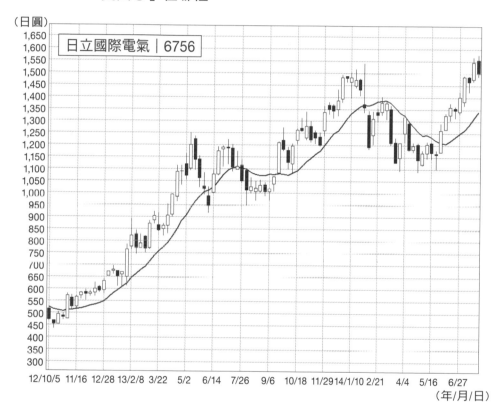

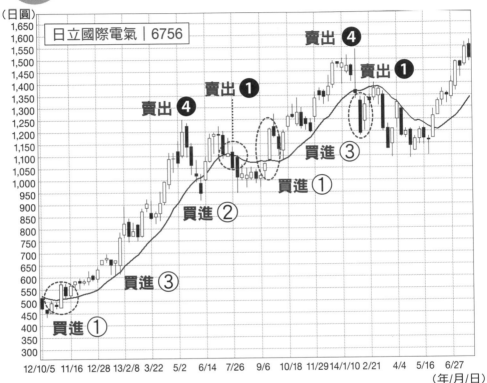

「買進①」的重要訊號是「當下降中的移動平均線轉為平移或上升時，股價由下往上穿越移動平均線」，「賣出❶」的重要訊號是「上升中的移動平均線轉為平移或下降時，股價由上往下穿過移動平均線」。無論是哪一種，都代表行情趨勢正處於由上轉下（由下轉上）、發生變化的局面。

從這題的股價來看也是，葛蘭碧八大法則中，買進訊號②～④和賣出訊號❷～❹都是發生在上漲（下跌）行情的中途；買進訊號①和賣出訊號❶各發生2回，可知都是出現在行情的轉換點。

問題 **44** 下圖為三麗鷗（8136）2012 年 12 月第 2 週到 2014 年 6 月第 3 週的週線圖，和 13 週移動平均線。請問圖中圓圈部分，分別對應到第 118 頁「葛蘭碧八大法則」的「買進①～④」訊號和「賣出❶～❹」訊號的哪一個？

（日圓）

三麗鷗｜8136

（年/月/日）

提示

注意移動平均線的方向和股價的分離狀況。

解答
44

（日圓）6,600
6,400
6,200
6,000
5,800
5,600
5,400
5,200
5,000
4,800
4,600
4,400
4,200
4,000
3,800
3,600
3,400
3,200
3,000
2,800
2,600
2,400
2,200
2,000

三麗鷗｜8136

賣出 ❹

賣出 ❸

買進 ②

買進 ③

買進 ④

12/12/14 13/1/18 2/22 3/29 5/2 6/7 7/12 8/16 9/20 10/25 11/29 12/30 14/2/7 3/14 4/18 5/23

（年/月/日）

　　「買進②」和「買進③」是在上漲趨勢中，股價接近下方移動平均線（③），或暫時性向下穿過（②），是上漲行情的「回檔買進」時機。「買進④」是當持續下跌時，股價卻加速下跌、更遠離移動平均線，此時是「股價將出現自律性反漲，可短期買進」。「賣出❷」和「賣出❸」是在下跌趨勢，股價接近上方移動平均線（❸），或暫時性向上突破（❷），是下跌行情的「反彈賣出」時機。本題因為2013年秋季後的反彈很弱，所以沒有發生「賣出❷」。「賣出❹」是在上漲行情，加速上漲的股價和移動平均線更遠離，代表「股價將預期出現自律性反跌，可做短期性賣出」。

問題 **45**　下圖為富士急行（9010）2012年11月第5週到2013年6月第4週的週線圖，和13週移動平均線。圖中最後出現了一根大陰線，請問之後的股價會如何發展？①大幅下跌、②突然反彈、③平穩波動。

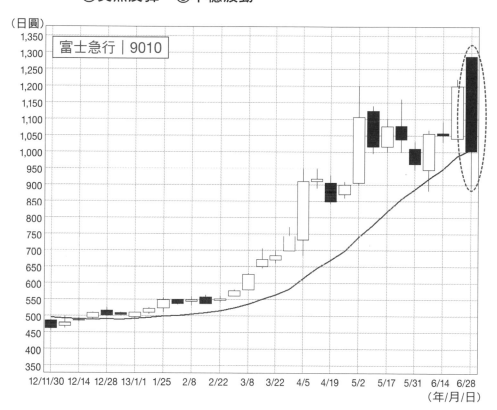

提示

不同訊號的傳遞能力不同。

解答
45

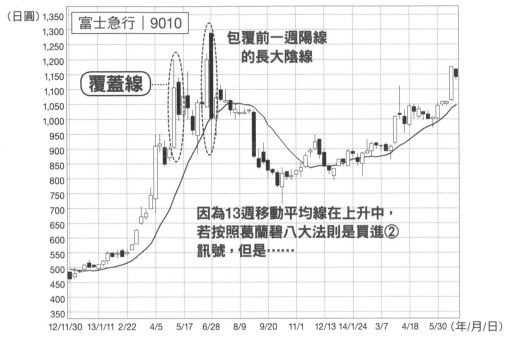

（日圓）1,350

富士急行｜9010

包覆前一週陽線
的長大陰線

覆蓋線

因為13週移動平均線在上升中，
若按照葛蘭碧八大法則是買進②
訊號，但是……

12/11/30 13/1/11 2/22 4/5 5/17 6/28 8/9 9/20 11/1 12/13 14/1/24 3/7 4/18 5/30（年/月/日）

　　這支股票因「富士山成功登錄世界遺產」的消息大受歡迎。雖然也因為股價從年初起已上漲超過兩倍，但在2013年6月第4週，出現從高點開盤、完全包覆前一週陽線的長大陰線，確定買賣的供需突然轉變。雖然光是這根K線，就可確定行情趨勢，但此時的13週移動平均線還在上升。若根據葛蘭碧八大法則，會是「買進②」訊號。但這時買進得不到大的收穫。股價經過小幅回漲後，暫時在高價圈小幅波動一陣子，從大約2個月後開始，便轉移進明確的下跌行情。在大陰線出現的7週前也出現過強力的「覆蓋線」，可見確實是處在高價震盪的局面。K線會提前顯現行情變化。答案是③。

下圖為SONY（6758）2014年4月16日到2014年9月10日的日線圖，和5日、25日移動平均線。雖然在圖上①的點，同時發生了葛蘭碧的「買進①」訊號和黃金交叉，但請問②的點會如何？（1）先發生葛蘭碧法則、（2）先發生黃金交叉、（3）兩者同時發生。

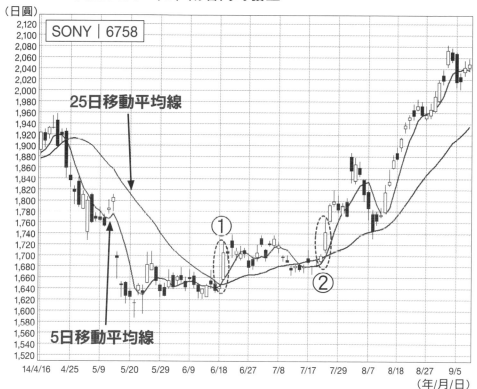

提 示

移動平均線的變化緩慢。

217

解答
46

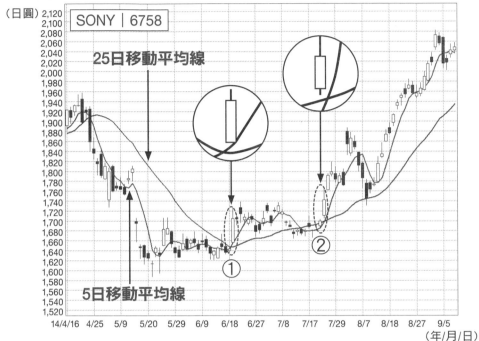

（日圓）

SONY | 6758

25日移動平均線

①

②

5日移動平均線

14/4/16　4/25　5/9　5/20　5/29　6/9　6/18　6/27　7/8　7/17　7/29　8/7　8/18　8/27　9/5

（年/月/日）

　　移動平均線是以過去至今的股價加總後的數字為基礎畫成的。
受到過去的影響越多，對現在股價變化的反應越緩慢。雖然也是使
用移動平均線的指標，但葛蘭碧八大法則是以股價和移動平均線的
位置發現買賣訊號，會比只靠移動平均線（短期線、長期線和中期
線）的位置判斷的黃金交叉、死亡交叉還更快出現變化。

　　在②的情況，股價雖已向上穿越5日和25日均線，但這時這2條
移動平均線還在幾乎相同的位置，明確出現黃金交叉時已是兩天
後。換句話說，變化出現的順序會是股價＞葛蘭碧＞黃金交叉。直
接反映每天變動的股價具有最強的訊息傳播力。答案是（1）。

問題 47 下圖為Livesense（6054）2012年11月第1週到2014年3月第4週的週線圖，由一般常用的13週移動平均線，和期間較短的5週移動平均線組成。請問這2條移動平均線，哪條對行情的變化比較敏感？①5週線、②13週線、③2條一樣。

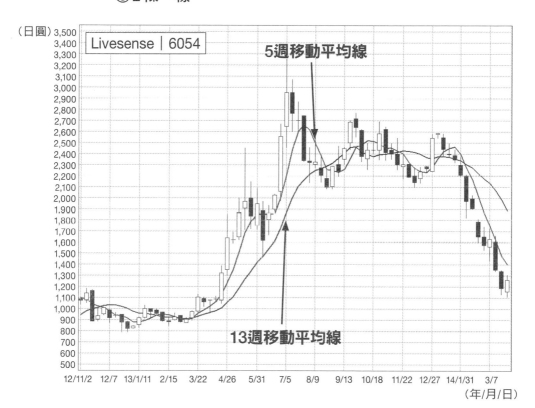

提示

隨著期間的長短，會出現股價感應度的不同。

解答
47

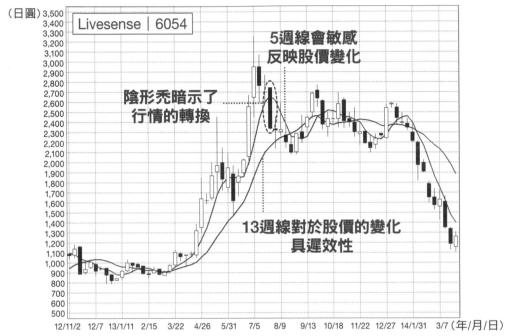

（日圓）3,500
3,400
3,300
3,200
3,100
3,000
2,900
2,800
2,700
2,600
2,500
2,400
2,300
2,200
2,100
2,000
1,900
1,800
1,700
1,600
1,500
1,400
1,300
1,200
1,100
1,000
900
800
700
600
500

Livesense｜6054

5週線會敏感
反映股價變化

陰形禿暗示了
行情的轉換

13週線對於股價的變化
具遲效性

12/11/2　12/7　13/1/11　2/15　3/22　4/26　5/31　7/5　8/9　9/13　10/18　11/22　12/27　14/1/31　3/7（年/月/日）

　　5週線是將5週內（當週的收盤價）的股價加總計算的，會敏感反映當下股價的變化。答案是①。從本題的圖來看，7月第2週出現、接近覆蓋線的陰線，顯示出高價給的賣壓很重。接著隔週出現無法判斷方向的十字線，再出現的陰形禿成了轉換下跌的決定線。在如此發展下，5週線的上漲幅度急速縮減，隔週開始就轉為下跌。

　　然而，這時的13週線依然處於上升途中。真正開始轉換為下降必須等到9週之後。但是光看5週線就可查覺股價的變化。不過，對於變化很敏感，同時也代表容易被股價玩弄。如果想要掌握行情的基本趨勢，還是觀察長期的移動平均線比較適合。

問題 **48**

下圖為KITO（6409）2013年9月第1週到2014年9月第1週的週線圖和5週線、13週線。雖然透過5週線可以確認2014年1月和8月的趨勢轉換，但畫不出移動平均線時該怎麼辦？

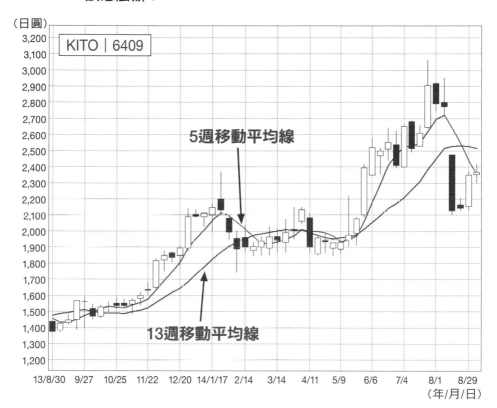

提 示

趨勢線也能發揮和移動平均線類似的功能。

如果像問題47一樣使用短期的移動平均線，雖然可以掌握到KITO的股價，在2014年1月第5週和8月第1週發生變化的徵兆，但也可以透過畫趨勢線來掌握同樣的狀況。上圖的①和②就是實際畫出的趨勢線。股價如果向下穿過，由最低價與最低價的連線畫成的趨勢線，就代表一直以來形成的上漲趨勢已轉換為下跌趨勢。

雖然出現向下跳空②的例子，確實變化得有些太突然，但如果在①的例子裡能早一步捕捉到趨勢轉換，就能做出包括收手退場或融券賣空等應對。另外，無論是①或②的例子，也請務必注意暴跌前出現的長上影K線等，顯現在線圖上的「徵兆」。

下圖為雅虎日本（4689）2012年11月第4週到2014年7月第3週的週線圖，和13週線、26週線。雖然從圖中可看出K線的覆蓋線和黃金交叉、死亡交叉等買賣的訊號，但若是把焦點放在多根K線的形狀上，結果會如何？

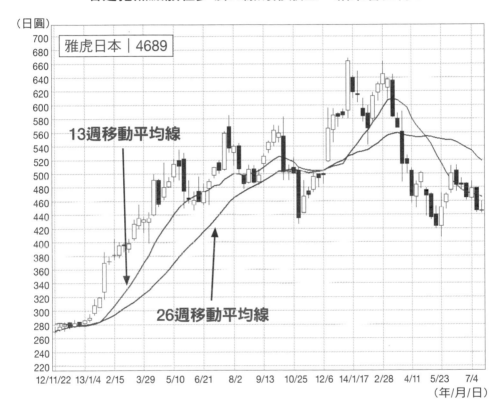

提示

有些股價模式容易形成天花板。

解答
49

　　請注意2013年7月第4週和同年10月第2週的最高價。前者價格
是585日圓，後者為583日圓，幾乎到達相同水準。如果這2個高價
的時間點能再近一點，以形狀來看就是「鑷頂」，但這次的情況一點
也不像鑷子。因此，會將這種形狀稱為「雙重頂」，代表了股價想衝
破過去的最高價卻沒辦法。2014年1月第2週和同年2月第4週也到
達同樣的最高價，所以這也是雙重頂。

　　此外，如果股價在高價圈形成3個像是「山」字形一樣的K線，
正中間的山特別突出、兩旁呈現相似高度，就會稱做「三重頂」。這
類的組合，都能從形狀上判斷是天花板或地板。

問題
50
下圖為FANUC（6954）2011年4月到2014年5月的週線圖。圖中有2個地方，是股價突破了過去的高點關卡而上衝，請找出它們在什麼地方。

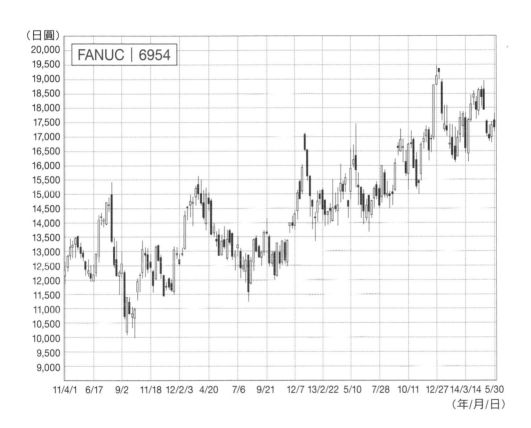

（日圓）

FANUC｜6954

20,000
19,500
19,000
18,500
18,000
17,500
17,000
16,500
16,000
15,500
15,000
14,500
14,000
13,500
13,000
12,500
12,000
11,500
11,000
10,500
10,000
9,500
9,000

11/4/1　6/17　9/2　11/18 12/2/3　4/20　7/6　9/21　12/7 13/2/22 5/10　7/28　10/11 12/27 14/3/14 5/30

（年/月/日）

提示

底下充滿熱氣，就會撐開蓋子。

對於之前的最高價,一般稱為「關卡」或「頸線」。首先,
① 2011年8月第1週的最高價1萬5,420日圓,和2012年3月第5週
的最高價1萬5,510日圓連起來的線是第一條頸線。股價在2012年
12月第4週突破後,短期內急遽上漲。

② 2013年1月第1週的最高價1萬7,130日圓,和同年5月第4週
的最高價1萬7460日圓連起第2條頸線。股價在2013年12月第3週
突破這條線,一樣出現短期急速上漲。日本股票市場流傳「股價突
破頸線後就會暴衝」的魔咒,表示只要上方施壓的賣壓一中斷,股
價就很容易一口氣衝高。

下圖為TAKARA BIO（4974）2013年3月第5週到2014年1月第3週的週線圖。圖中的股價變動膠著，請問之後會如何發展？①繼續平移、②慢慢開始上漲、③急速跌落。

提 示

最高價正在慢慢下跌。

解答
51

（日圓）

TAKARA BIO │ 4974

頂價下滑型的平穩震盪
容易向下暴衝

13/3/29　4/26　5/24　6/21　7/19　8/16　9/13　10/11　11/8　12/6　12/30 14/1/31 2/28　3/28　4/25　5/23
（年/月/日）

　　股價的平穩震盪不會永遠持續。一定會在某處出現向上或向下暴衝。一般來說，最低價維持一定水準橫移、頂價慢慢下滑的「頂價下滑型」平穩震盪行情，多會往下方暴衝。本題的個股也在持續了大約9個月左右、最低價水準不到2,000日圓的頂價下滑型平穩震盪後，以2014年1月第4週出現的上影線極長的極小線為契機，向下暴衝。接著便進入直線下跌行情。

　　相反的，若是最高價平移、最低價逐漸上漲的平穩震盪，通常會向上暴衝（問題50就是好例子）。此外，若是最低價逐漸上漲、最高價逐漸下跌的三角形平穩震盪，出現在上漲趨勢中的話就容易往上跳，出現在下跌趨勢中就容易往下跳。本題答案是③。

結語
行情的事就該去問行情

　　東京證交所流傳一句股市格言：「行情的事就去問行情。」

　　這句話乍看之下，雖然搞不懂是什麼意思，但其實就是指「如果無法理解行情的未來走向，就請冷靜的看股價的變動，以謙虛的心重新思考」，是相當具有內涵的格言。

　　投資本來就是追求利益的行為。因為在投資時會追求利優先於理，所以無論如何都會表現出我們的私欲。

　　對於行情的走向，也很容易以自己的想法（或者該說自己的冀望）來解釋，認為還會繼續漲所以不肯賣，結果遇到突然暴跌逃不掉；或是認為差不多該止跌了所以買，結果繼續跌只好再脫手。只要是投資人，都一定碰過這種經驗，無人可以倖免。

行情走勢變化前，一定有徵兆

　　不過，只要讀到這裡一定會知道，股價要觸頂時，一定會出現重要的訊號警告我們。相反的，行情剛開始要上漲時，也會響起好幾種行情開幕鈴。只要能夠察覺這些變化的徵兆、冷靜的應對，就可以避免以往發生的失敗。

　　當然很難完全抑制自己的私欲。不過，為了在行情中持續獲勝，這種類似「野性精神」、一般程度的欲望還是不可或缺。因此，比起謹記著壓抑自己的欲望，更需要的是記住隨時以冷靜和客觀的態度觀察市場。

K線聖經

　　我想，不必再強調線圖分析是為了「聆聽行情」的重要手段了。雖然這個領域也有非常多不同的深奧分析手法，但知道一大堆也不代表精通市場。

　　投資人只要了解最精簡、最容易懂的部分就夠了。最重要的還是要用心傾聽市場發出的警鈴，或行情開幕鈴。讓我們一起輕鬆看待每天的行情吧。

國家圖書館出版品預行編目（CIP）資料

K 線聖經：40 年股市實戰、完整分析 51 種
圖表、抓出 15 個轉機徵兆，你比市場更早
看出買賣行情／岩本秀雄 著；易起宇 譯.
-- 初版 , -- 臺北市：大是文化，2016.11
240 面；17×23 公分 . --（Biz；206）

ISBN 978-986-5612-77-1（平裝）

1. 股票投資　2. 投資技術　3. 投資分析

563.53　　　　　　　　　　　　105016169

Biz 206

K線聖經

40 年股市實戰、完整分析 51 種圖表、抓出 15 個轉機徵兆，你比市場更早看出買賣行情

作　　　者／岩本秀雄
譯　　　者／易起宇
副　主　編／劉宗德
美 術 編 輯／林彥君
副 總 編 輯／顏惠君
總　編　輯／吳依瑋
發　行　人／徐仲秋
會　　　計／許鳳雪
版 權 經 理／郝麗珍
行 銷 企 劃／徐千晴
業 務 助 理／李秀蕙
業 務 專 員／馬絮盈、留婉茹
業 務 經 理／林裕安
總　經　理／陳絜吾

出　　　版／大是文化有限公司
　　　　　　臺北市 100 衡陽路 7 號 8 樓
　　　　　　編輯部電話：（02）2375-7911
讀 者 服 務／購書相關資訊請洽：（02）2375-7911　分機 122
　　　　　　24 小時讀者服務傳真：（02）2375-6999
　　　　　　讀者服務 E-mail: haom@ms28.hinet.net
郵政劃撥帳號／19983366　戶名：大是文化有限公司
法 律 顧 問／永然聯合法律事務所

香 港 發 行／豐達出版發行有限公司 Rich Publishing & Distribution Ltd
　　　　　　香港柴灣永泰道 70 號柴灣工業城第 2 期 1805 室
　　　　　　Unit 1805, Ph.2, Chai Wan Ind City, 70 Wing Tai Rd, Chai Wan, Hong Kong
　　　　　　Tel: 2172-6513　Fax: 2172-4355　E-mail: cary@subseasy.com.hk

封 面 設 計／林雯瑛
內 頁 排 版／新鑫電腦排版工作室
印　　　刷／鴻霖印刷傳媒股份有限公司

■ 2016 年 11 月初版　　　　　　　　　　　　　　　Printed in Taiwan
■ 2019 年 12 月 6 日初版十二刷　　　　　　　　　定價／新台幣 360 元
ISBN 978-986-5612-77-1（平裝）　　　　　　　（缺頁或裝訂錯誤的書，請寄回更換）